ひらがな かきじゅんひょう

ん	わ	ら	や	ま	は
い	り	い	み	ひ	
う	る	ゆ	む	ふ	
え	れ	え	め	へ	
を	ろ	よ	も	ほ	

この じてんの 特色

幼児用辞典最多の3100語

三歳から六歳くらいまでのお子さまが、毎日の生活や絵本などで出会うことばを中心に、身につけたいことば約3100語を選んでのせています。

動きやもののようすをあらわすことばが充実

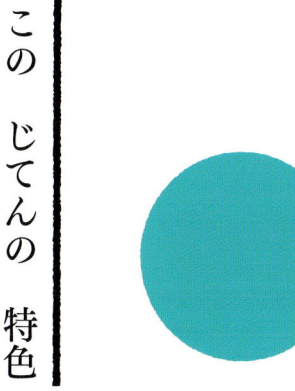

身近な物やいきもののの名前だけでなく、動作やもののようすをあらわすことばを豊富に集めています。多様なことばにふれることで、ことばへの関心が深まり、豊かな表現力が身につきます。

図鑑にも負けない迫力のページ

「どうぶつ」や「はな」など、いくつかのものをまとめて呼ぶことばは、図鑑のように迫力のある見せ方をしています。関連のあることばがいっしょにならんでいるので、ことばのまとまりを無理なく覚えることができます。

見て読んでたのしい例文とイラスト

身近な例文と、その場面をあらわすイラストをのせています。絵本のように読み聞かせることで、ことばの生きた使い方がたのしく自然に身につきます。

早期英語教育にも対応する、幼児に身近な英単語

アルファベット26文字や、学校で英語を習いはじめる前に接しておきたい英単語約160語をのせています。絵や写真を通じて、お子さまが自然に英語にふれられる工夫をしています。

幼児にもわかりやすい、やさしいことばで説明

ことばの意味は、やさしいことばを使って説明していますので、お子さまがことばの意味を理解していくための大きな手助けとなります。

ひらがな、かたかなをただしく覚えられる書き順表

見返しには、ひらがなとかたかなのただしい書き順がわかる表をつけました。お子さまが、ひらがなやかたかなを五十音順に覚えたり、書き順をただしく覚えたりするのに役立ちます。

もくじ

五十音もくじ

あ 8	か 80	さ 152	た 212	な 269
い 25	き 110	し 163	ち 227	に 278
う 42	く 123	す 188	つ 234	ぬ 283
え 52	け 135	せ 201	て 245	ね 286
お 56	こ 140	そ 206	と 252	の 290

まとまりの ことばの ページ

あいさつ……11
アルファベット……23
いえ……27
いちにち……32
いちねん……33
いっしゅうかん……35
いろ……40
おかし……61
かお……83
かず……89
かぞえる……90
かぞく……93
かたち……94
がっき……97
からだ……103

この じてんの 特色……3
この じてんの 使い方……6

わ 409	ら 402	や 384	ま 351	は 296
を 414	り 403	ゆ 391	み 361	ひ 316
ん 415	る 405	よ 396	む 369	ふ 328
	れ 406		め 375	へ 340
	ろ 408		も 378	ほ 343

さくいん……431
ひらがな　かきじゅんひょう……前見返し（表紙の裏側）
かたかな　かきじゅんひょう……後ろ見返し（裏表紙の裏側）

- かんじ……108
- き……111
- きせつ……115
- くだもの……129
- こうえん……141
- さかな……155
- じゅうにし……177
- しょっき……183
- スポーツ……198
- どうぶつ……255
- とり……266
- のりもの……295
- はな……309
- ふく……333
- ぶんぼうぐ……339
- むき……370
- むし……372
- やさい……387

この じてんの 使い方

ことば（見出し語）の 並べ方

このじてんのことば（見出し語）は、五十音順（あいうえお順）にならべてあります。同じことばで、ふたつ以上の意味があるときは、べつべつに説明しています。

この じてんで 使われる 文字

このじてんの文字は、すべて、ひらがな、かたかなで示してあります。かたかなで示したことばは、外国から来たことばです。かたかなのことばには、読みやすいように、ひらがなでふりがなをつけています。

この じてんの やくそく

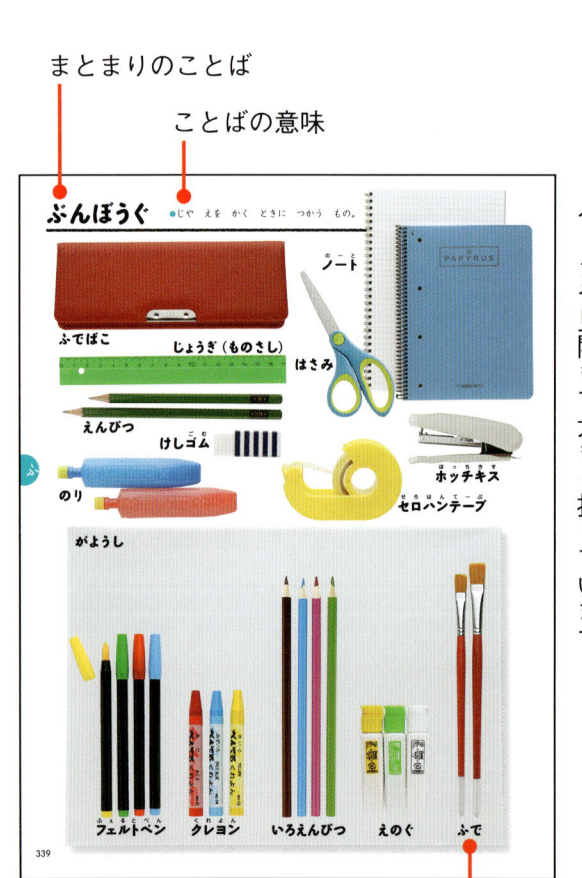

あたたかい ← ことば（見出し語）
あたたかい スープ。 ← ことばの使い方（例文）
← 例文をあらわすイラスト
ものが あつくも なく つめたくも なく ちょうど いい ようす。 ← ことばの意味

まとまりのことば
ことばの意味

ぶんぼうぐ ●じや えを かく ときに つかう もの。

ふでばこ／じょうぎ（ものさし）／はさみ／ノート／えんぴつ／けしゴム／のり／ホッチキス／セロハンテープ／がようし／フェルトペン／クレヨン／いろえんぴつ／えのぐ／ふで

なかまのことば

＊いくつかのものをまとめて呼ぶことばは、1ページや見開きで大きく扱っています。

赤い矢じるしの下にあるページや、ことばを見てみましょう。
そこに、くわしい説明やなかまのことばがあることを知らせています。

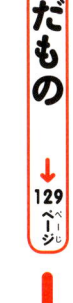

英語について

＊英語の発音は、かたかな表記では十分ではありませんが、このじてんでは、便宜上、単語の下に簡単なかたかな読みを入れています。強く読むところは、太い文字で示してあります。

ケ を強く読みます。

＊かたかなで示したことばにつけたふりがなとの混同をさけるため、英語の発音のかたかな表記には、ふりがなはつけていません。お子さまが読めないときは、おうちの方が読んであげてください。
＊通常、複数形で使う単語をのぞいてすべて単数形で示してあります。

青い両矢じるしの下にあることばは、反対の意味のことばです。
そのことばも調べてみましょう。

ア　あ

あい
おかあさんの あいに
つつまれる。

あいてを たいせつに
おもったり、とても すきだと
おもったり する きもち。

あいず
ふえの あいずで とびこむ。

はじめに きめて おいた
やりかたで しらせる こと。

あいこ
ふたりとも ちょきで
あいこだ。

どちらも かちまけが ない
こと。

あいさつ
→ 11ページ

あいだ
あしの あいだを くぐる。

ふたつの ものに はさまれた
ところ。

あ

あいて
ぼくの すもうの あいては おとうとだ。

じぶんと いっしょに なにかを する ひと。

アイロン
ハンカチに アイロンを かける。

ねつで ぬのの しわを のばす どうぐ。

あう
こうえんで ともだちと あう。

べつべつの ところから きて、いっしょに なる。

あう
くつが あしに ぴったりと あう。

ふたつの ものが うまく いっしょに なる。

あお
わたしには あおが よく にあう。

はれた そらや きれいな うみのような いろ。

→ いろ

あおい
おきにいりの あおい ぼうし。

はれた そらや きれいな うみのような いろを して いる ようす。

あおぐ
うちわで かおを あおぐ。

うちわなどを うごかして かぜを つくる。

あおむけ
あおむけで ほんを よむ。

おなかを うえに むけて いる こと。

↕ うつぶせ

あ あいさつ
●ひとに あった ときや わかれる ときなどに いう きまった ことば。

でかける とき いってらっしゃい。/ いってきます。

ひとと わかれる とき さようなら。/ さようなら。

かえって きた とき おかえりなさい。/ ただいま。

しょくじの とき 
たべる まえに **いただきます。**
たべおわったら **ごちそうさま。**

よる ねる まえ おやすみなさい。/ おやすみなさい。

うれしい きもちを あらわす とき ありがとう。

ひとに あやまる とき ごめんなさい。

あ

あおむし
キャベツを たべる あおむし。

ちょうちょうの こどもで、みどりいろの ほそながい いきもの。

あか
からだを こすって あかを とる。

はだに ついた、あせや あぶらの まじった よごれ。

あか
しんごうの あかは とまれの しるし。

りんごや トマトのような いろ。

→ いろ

あかい
あかい クレヨンで ぬる。

りんごや トマトのような いろを して いる ようす。

あかちゃん
あかちゃんを だっこ する。

うまれたばかりの こども。

あかり
へやの あかりを つける。

くらい ところが よく みえるように あかるく する もの。

あがる
エスカレーターで あがる。

したから うえへ いく。

↕ おりる

あがる
ねつが あがる。

いままでよりも おおく なったり たかく なったり する。

↕ さがる

12

あ

あがる
あめが あがる。

あめが ふって いるのが とまる。

あかるい
あかるい へや。

ひかりが たくさん あって、ものが よく みえる ようす。

↕ くらい

あき
あきには きのはの いろが かわる。

なつの つぎに くる、すずしい きせつ。

→ きせつ

あきらめる
そとで あそぶのを あきらめる。

いままで して きた ことや しようと した ことを、もう だめだと おもって やめる。

あきる
おもちゃに あきる。

おなじ ことを ずっと して きたので、もう いやに なる.

あく
ドアが あく。

あいだを ふさいで いた ものが なくなる。

↕ しまる

あく
となりの せきが あく。

あった ものが なくなって すきまが できる。

あくしゅ
なかなおりの あくしゅ。

てを にぎって、なかよしの きもちや うれしい きもちを あらわす あいさつ。

あ

あくび
ねむくて あくびが でる。

ねむく なったり つかれたり した ときに でる おおきな いき。

あくま
あくまが でて くる おはなし。

まほうの ちからで ひとの こころを わるく すると いわれて いる もの。

あける
よが あける。

よるが おわって たいようが のぼって くる。

⇅ くれる

あける
おべんとうばこの ふたを あける。

とじて いた ものを ひらく。

⇅ しめる

あげる
りょうてを あげる。

したから うえへ うごかす。

⇅ さげる・おろす

あげる
いもうとに あめを あげる。

じぶんの ものを あいての ものに する。

⇅ うばう

あこがれる
サッカーの せんしゅに あこがれる。

かっこいいな、じぶんも なりたいなと、つよく おもう。

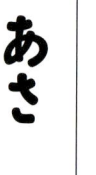

あさ
あさ 7じに おきる。

たいようが のぼって あかるく なって きた とき。

↓ いちにち

あさい

あさい いけで さかなを さがす。

かわや うみや いけの、そこまでが ちかい。

↕ ふかい

あさって

あさっては ぼくの たんじょうびだ。

あしたの つぎの ひ。

あじ

いちごの あじの あめ。

くちに いれた ときに したが かんじる、あまい、からい、にがい、すっぱいなどの かんじ。

あしおと

うしろで あしおとが する。

あるいた ときに でる、ぱたぱたとか こつこつとか いう おと。

あした

あしたは げつようびで ようちえんに いく ひ。

きょうの つぎの ひ。

あずかる

こいぬを あずかる。

たのまれて、ひとの ものを すこしの あいだ じぶんの ところに たいせつに おいて おく。

あずける

かばんを おかあさんに あずける。

たのんで、じぶんの ものを すこしの あいだ ひとの ところに おいて もらう。

あせ

あせを かく。

あつい ときに かおや からだから でる、しおからい みず。

あそぶ

つみきを　して　あそぶ。

じぶんの　すきな　ことを　して　たのしむ。

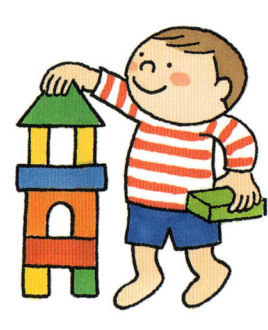

あたえる

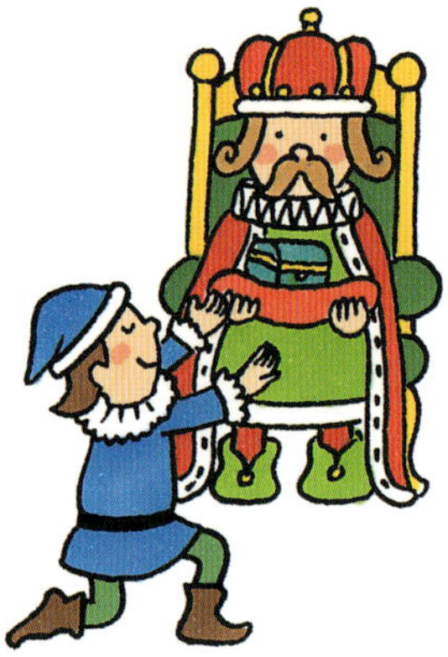

おうさまが　けらいに　ごほうびを　あたえる。

じぶんの　ものを　ほかの　ひとに　やる。

あたたかい

あたたかい　スープ（すーぷ）。

ものが　あつくも　なく　つめたくも　なく　ちょうど　いい　ようす。

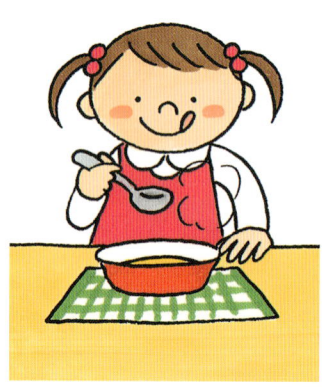

あたたかい

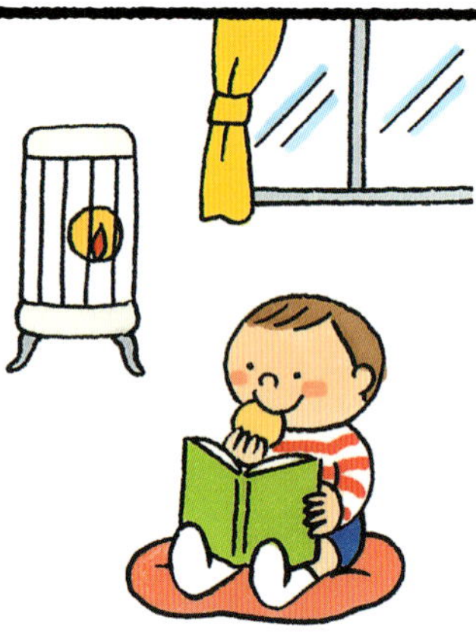

あたたかい　へや。

まわりが　あつくも　なく　さむくも　なく　ちょうど　いい　ようす。

あたたまる

たきびの　そばで　あたたまる。

つめたかった　ものが　あたたかくて　きもちの　いい　かんじに　なる。

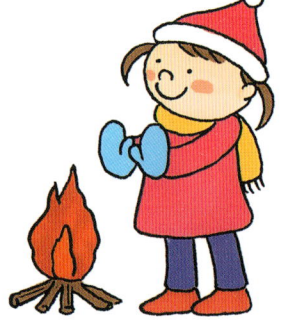

あたためる

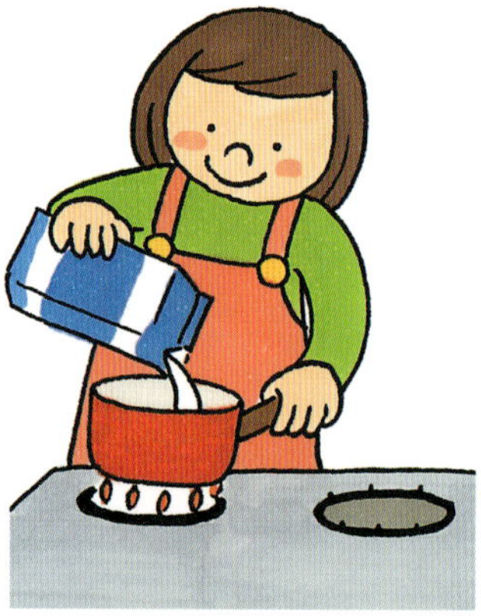

なべで　ぎゅうにゅうを　あたためる。

つめたかった　ものを　あたたかく　する。

あたらしい

あたらしい　じてんしゃ。

できてから　あまり　じかんが　たって　いない　ようす。

↕ ふるい

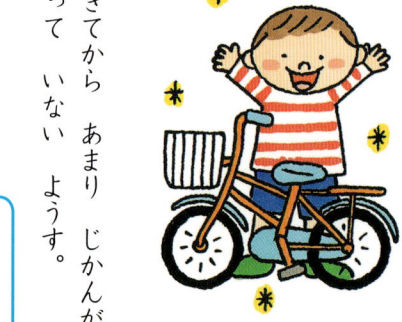

あたり

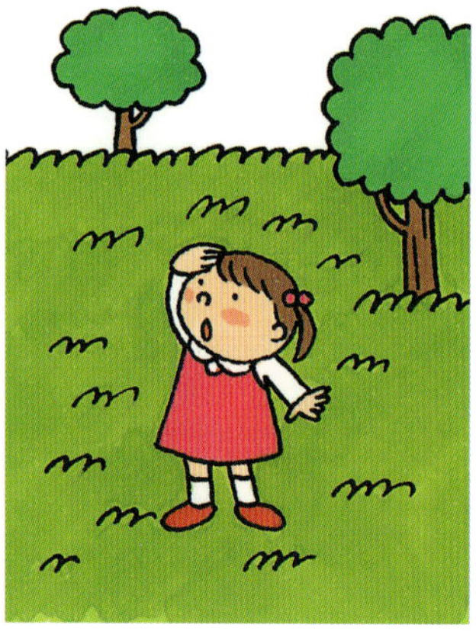

あたりに　いえは　ない。

じぶんの　いる　ところから　ちかい　ところ。

あたり

あたりの くじを ひいた。

↕ はずれ

ねらったり おもったり した とおりに なる こと。

あたりまえ

ひとの ものを こわしたら あやまるのが あたりまえだ。

みんなが わかって いる ふつうの こと。

あたる

ボール(ぼーる)が あたまに あたる。

とんで きた ものが ぶつかる。

あたる

やが まとに あたる。

↕ はずれる

ねらった とおりの ところに いく。

あつい

みどりの ほんは あつい。

↕ うすい

おもてから うらまでの あいだが、たくさん ある ようす。

あつい

なつは あつい。

あせが でるくらい まわりの おんどが たかい かんじ。

↕ さむい

あつい

ラーメン(らーめん)が あつい。

↕ つめたい

さわった ときや くちに いれた ときに、いたいと おもうくらい おんどが たかい かんじ。

あつまる

さかなが あつまる。

ひとつの ところに べつべつの ところから よって くる。

あ

あつめる
ごみを あつめる。

ちらばって いる ものを ひとつの ところに まとまるように する。

あてる 
ボールを ピンに あてる。

ねらった ところに うまく とどくように する。

あてる 
どちらに はいって いるか あてる。

ただしい こたえを ぴたりと いう。

あと
おかあさんどりの あとに ついて いく。

じゅんばんが うしろの こと。

さき

あと
ゆかに ねこが あるいた あとが ある。

なにかを した しるしが のこって いる こと。

あとかたづけ 
あとかたづけを する。

なにか した あとに、つかった ものを もとに もどして きれいに する こと。

あな 
あなを ほる。

へこんだり なかが あいたり して いる ところ。

あなた
あなたから さきに どうぞ。

あいての ひとを ていねいに よぶ ことば。

あ

あばれる
うまが あばれる。

あぶなくて ちかくに いけないくらい めちゃくちゃに うごく。

あびる
みずを あびる。

みずや おゆを からだに ざあっと かける。

あぶない
へいの うえを あるくと あぶないよ。

わるい ことが おこりそうで しんぱいな ようす。

あぶら
コロッケを あぶらで あげる。

しょくぶつの たねから つくる、とうめいで どろりと した もの。

あふれる
コップの みずが あふれる。

いっぱいに なって そとに こぼれる。

あべこべ
まえと うしろが あべこべだ。

じゅんじょや、みぎと ひだりなどが さかさまな こと。

あまい
はちみつは あまい。

さとうや あめのような あじが する ようす。

からい

あまえる
ねこが わたしに あまえる。

かわいがって もらおうと したり じゃれたり する。

あ

あまのがわ
たなばたの よるに あまのがわを みる。

はれた よるの そらに、しろく かわのように みえる たくさんの ほしの あつまり。

あまやどり
きの したで あまやどりを する。

あめが きゅうに ふって きた ときに、やねの したや きの したで あめが やむのを まつ こと。

あまる
おかしが ひとつ あまる。

おおすぎて のこる。

あみ
あみで せみを とる。

いとや はりがねで あんだ どうぐ。

あむ
セーターを あむ。

ほそながい ものを くみあわせて ひとつの ものを つくる。

あめ
あめに ぬれる。

くもった そらから ふって くる みずの つぶ。

あめ
あめを なめる。

くちの なかに いれて なめる あまい おかし。

あやしい
あやしい おとこが いる。

こわくて へんな かんじが する ようす。

あ

あやす
ないて いる あかちゃんを あやす。

だいたり おもしろい かおを したり して、ちいさい こどもが よろこぶような ことを する。

あやまる
おかあさんに あやまる。

じぶんが わるかったと おもって ごめんなさいと いう。

あらう
そとから かえったら てを あらう。

みずや せっけんで よごれを なくす。

あらし
ふねが うみで あらしに あう。

とても つよい あめと かぜ。

あられ
あられが ぱらぱらと ふる。

そらから ふって くる しろくて ちいさな こおりの つぶ。

あらわれる
つきが くもの かげから あらわれる。

かくれて いた ものが、みえて くる。

ありがたい
せきを ゆずって もらって ありがたい。

うれしくて おれいを いいたい きもちに なる ようす。

ある
テーブルの うえに バナナが ある。

ものが めで みえたり、てで さわったり、かんじたり できる。

↕ ない

F
エフ

FLOWER
フ**ラ**ウァ
はな

G
ジー

GRAPES
グ**レ**イプス
ぶどう

H
エイチ

HOUSE
ハウス
いえ

I
アイ

ICE
アイス
こおり

J
ジェイ

JUICE
ジュース
ジュース

P
ピー

PIG
ピッグ
ぶた

Q
キュー

QUEEN
クゥ**イ**ーン
じょうさま

R
アー

RIBBON
リバン
リボン

S
エス

STAR
ス**タ**ー
ほし

T
ティー

TRAIN
トゥ**レ**イン
れっしゃ

Z
ズィー

ZOO
ズー
どうぶつえん

アルファベット

あ（あるふぁべっと）

●アメリカや イギリスなどで つかわれて いる えいごの もじ。

A　エイ

APPLE
アプル
りんご

B　ビー

BALL
ボール
ボール

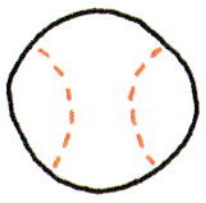

C　スィー

CAT
キャット
ねこ

D　ディー

DOG
ドーグ
いぬ

E　イー

EGG
エッグ
たまご

K　ケイ

KEY
キー
かぎ

L　エル

LETTER
レター
てがみ

M　エム

MILK
ミルク
ぎゅうにゅう

N　エン

NET
ネット
あみ

O　オウ

ORANGE
オーリンジ
オレンジ

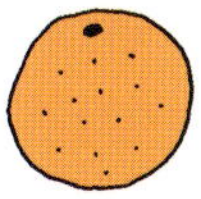

U　ユー
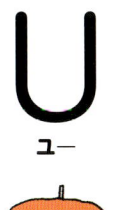
UMBRELLA
アンブレラ
かさ

V　ヴィー

VIOLIN
ヴァイオリン
バイオリン

W　ダブリュー

WATER
ウォーター
みず

X　エックス

BOX
バックス
はこ

Y　ワイ

YO-YO
ヨウヨウ
ヨーヨー

あ

あるく
ようちえんまで あるく。

アルファベット → 23ページ

あしを みぎ、ひだりと じゅんばんに うごかして すすむ。

あわ
あわを たてて からだを あらう。

せっけんを みずに とかした ときに できる、ぶくぶく した もの。

あわせる
てと てを あわせる。

ふたつの ものを ぴったりと つけて、ひとつに する。

あわただしい
おとうさんは まいあさ あわただしい。

やる ことが たくさん あって ゆっくり できない。

あわてる
おおきな いぬに であって あわてる。

びっくり して、どうして いいか わからなく なる。

あんしん
おとうさんの そばに いれば あんしんだ。

こわい きもちや しんぱいな きもちに ならないで いられる こと。

あんない
ゆうびんきょくまで あんない する。

みちや ばしょの わからない ひとを、いきたい ところまで つれて いく こと。

あんぜん
ひだりの みちの ほうが あんぜんだ。

あぶなく ない こと。

イ い

いい
いい えが かけた。

↕ わるい

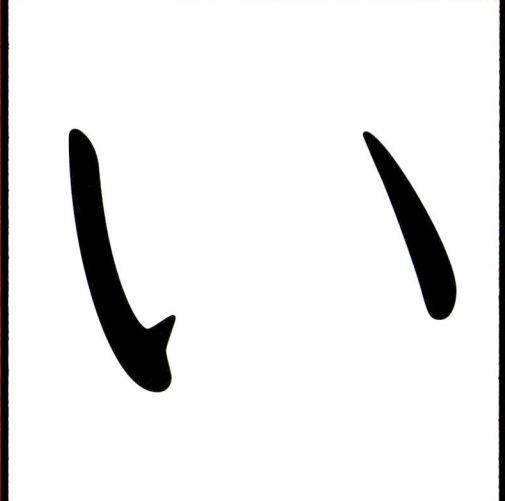

いいつける
せんせいに いいつける。

ひとが かくしたり わるい ことを したり して いる ことを、ほかの ひとに おしえる。

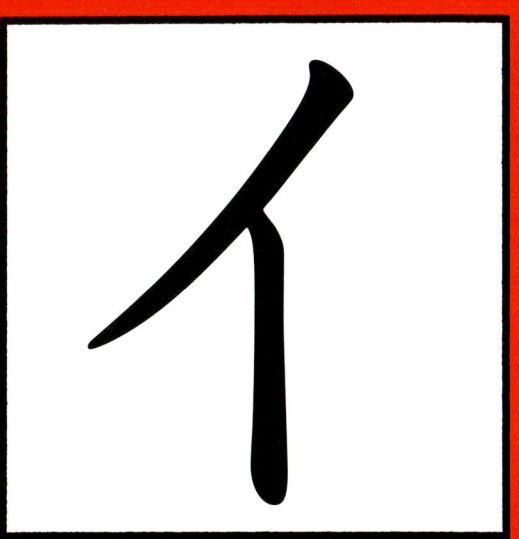

いいわけ
らくがきを した いいわけを する。

よくない ことを した ときに、じぶんは わるくないと いう こと。

いう
わかれる ときは さようならと いう。

ことばを はなす。

いえ
↓
27ページ

いえ
・すんで いる ところ。おうち。

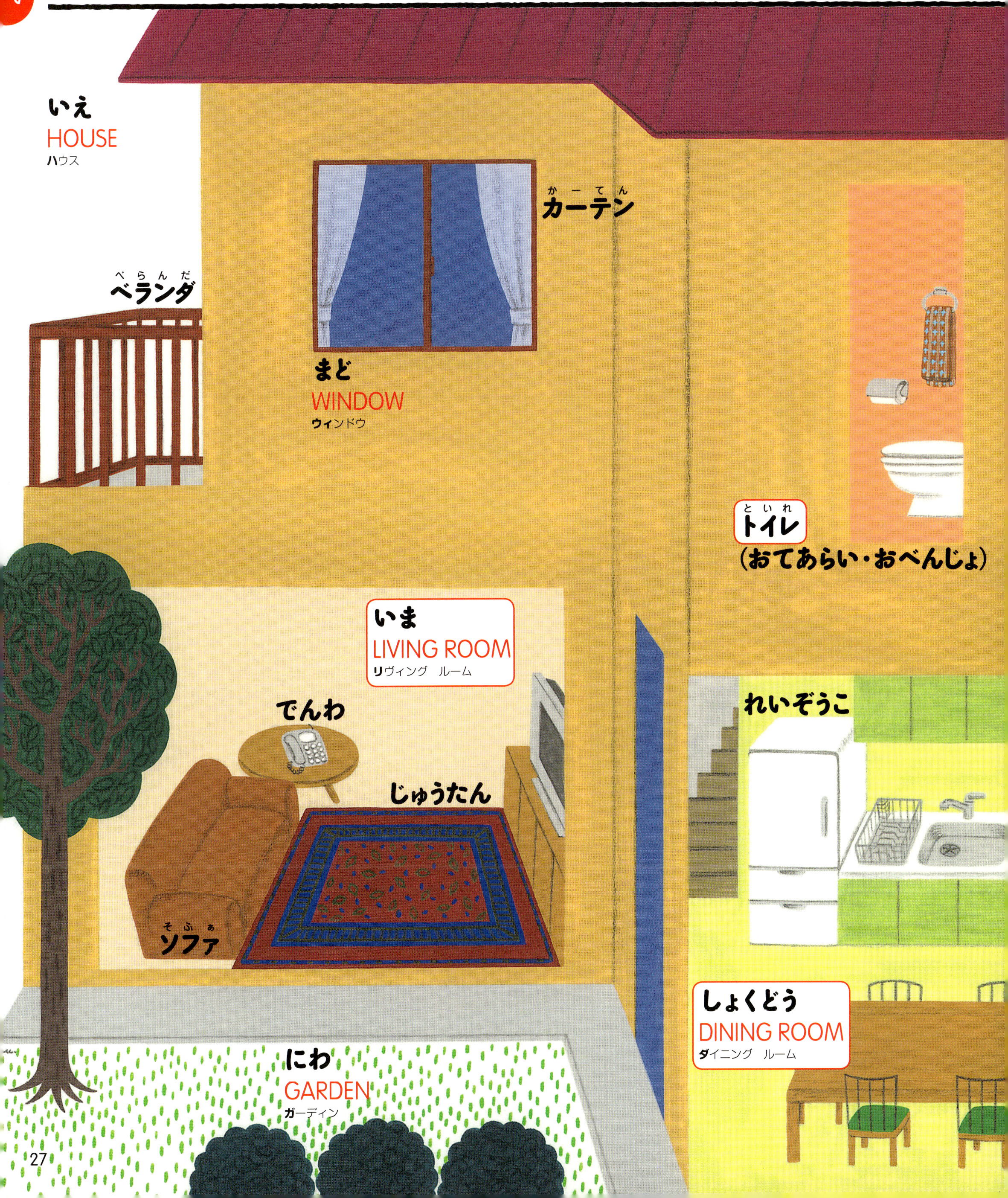

いえ
HOUSE
ハウス

ベランダ

カーテン

まど
WINDOW
ウィンドウ

トイレ
（おてあらい・おべんじょ）

いま
LIVING ROOM
リヴィング ルーム

でんわ

じゅうたん

ソファ

れいぞうこ

しょくどう
DINING ROOM
ダイニング ルーム

にわ
GARDEN
ガーデン

いか

いかが すみを はく。

うみに すむ、あしが 10ぽん ある いきもの。

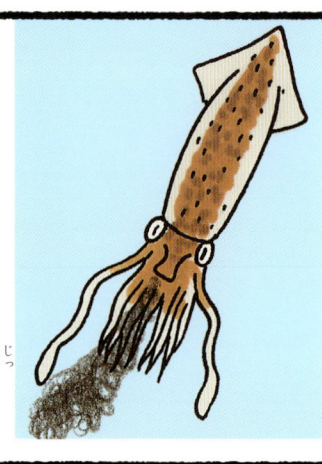

いかだ

いかだを こぐ。

きを なんぼんも ならべて つないだ、みずに うかべる のりもの。

いき

おおきく いきを すう。

はなや くちから すったり はいたり する くうき。

いきおい

みずが いきおい よく でる。

なにかを する ときに でる つよい ちから。

いきなり

かどから いきなり ひとが とびだす。

きゅうに なにかが おこる ようす。

いきる

ひゃくさいまで いきる。

いのちが あって まいにちを すごして いる。

↕ しぬ

いきもの

いろいろな いきものを かう。

どうぶつなど、いきて いる もの。

いく

パンやさんに いく。

いま いる ところから なにかを しようと するところに むかう。

⇅ くる・かえる

いくつ

あめは いくつ あるかな。

かずや としを きく ときに つかう ことば。

いくら

この ケーキは いくらですか。

ねだんを きく ときに つかう ことば。

いけ

いけに こいが いる。

へこんだ じめんに みずが たまって いる ところ。

いけがき

さざんかの いけがき。

ひくい きを ならべて うえた へい。

いけない

どうろで あそんでは いけないよ。

だめと いう こと。

いさましい

おひめさまを まもる いさましい おうじさま。

なにも こわい ものが なくて つよそうな ようす。

いし

かわらで いしを ひろう。

じめんの うえや なかに ある、かたくて ごろごろ した もの。

いじめる

いたずらっこが ねこを
いじめる。

じぶんより よわい
あいてに いやがる
ことを して こまらせる。

いしゃ → おいしゃさん

いじる

かみのけを いじる。

ゆびで さわったり なでたり
する。

いじわる

おとうとに いじわるを する。

ほかの ひとが いやがる
ことを わざと する こと。

いずみ

きれいな いずみの みずを
のむ。

みずが じめんから しぜんに
でて いる ところ。

いそぐ

ていりゅうじょへ いそぐ。

はやく なにかを する。

いそがしい

コックさんは いそがしい。

する ことが たくさん
あって やすむ
じかんが ない
ようす。

いた

いたで いぬごやを つくる。

きを うすく たいらに きった もの。

いたい

おなかが いたい。

からだの どこかが ちくちく したり ずきずき したり する ようす。

いたずら

おとうとは いたずらが すきだ。

おもしろがって ひとが こまるような ことを する こと。

いただく

おばさんから おかしを いただく。

もらう、たべる、のむと いう ことを ていねいに いう ことば。

いたむ

はが いたむ。

からだの どこかが いたいと かんじる。

いためる

ゆびを いためる。

からだの どこかを いたく したり わるく したり する。

いためる

やさいを いためる。

すこしの あぶらを いれた なべを、つよい ひで あつく しながら たべものを かきまぜる。

いちにち ●あさ おきて、よる ねるまでの じかん。

あさ　ひる　ゆうがた　ばん　よる　よなか

あさ あさ はやく おきました。

ひる みんなで おべんとうを たべました。

ゆうがた おかあさんと かいものへ いきました。

ばん おとうさんと おふろに はいりました。

よる ベッドで ねむりました。

いっしゅうかん ●にちようびから どようびまでの 7にち。

げつようび せんせいが えほんを よんで くれました。

かようび みんなで ボールあそびを しました。

すいようび すなばで おだんごを つくりました。

もくようび みんなで がっきの れんしゅうを しました。
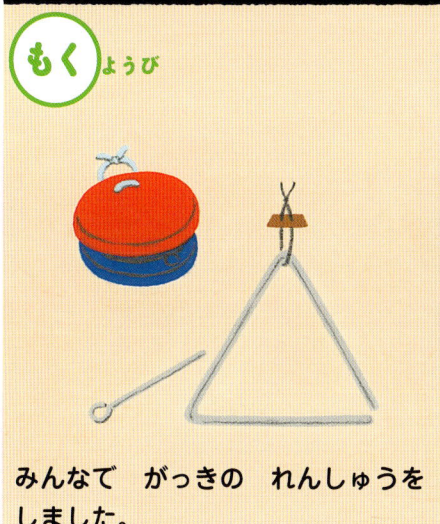

きんようび うさぎに えさを あげました。

6月

日	月	火	水	木	金	土
1	2	3	4	5	6	7
8	9	10	11	12	13	14
15	16	17	18	19	20	21
22	23	24	25	26	27	28
29	30					

どようび すいえい きょうしつに いきました。

にちようび おばあちゃんが うちに あそびに きました。

3がつ
ひなまつり
（もものせっく）
3がつ3か

4がつ
にゅうえんしき

6がつ
ちちのひ

5がつ
こどものひ
（たんごのせっく）
5がつ5か

ははのひ

11がつ
しちごさん
11がつ15にち

12がつ
クリスマス
12がつ25にち

おおみそか
12がつ31にち

いちねん

● 1がつ ついたちから 12がつ 31にちまで。

いちねんには いろいろな ぎょうじが あります。

1がつ おしょうがつ

2がつ せつぶん

8がつ なつまつり

7がつ たなばた
7がつ7か

9がつ けいろうのひ / おつきみ

10がつ うんどうかい

い

いたわる
おとしよりを いたわる。

よわい ひとに やさしく する。

いちだいじ
かじに なったら いちだいじ。

そのままに して おけない たいへんな できごと。

いちにち → 32ページ

いちねん
→ 35ページ

いちばん
あかい たまが いちばん おおきい。

ほかの どれよりも すごい ようす。

いちめん
のはら いちめんに はなが さく。

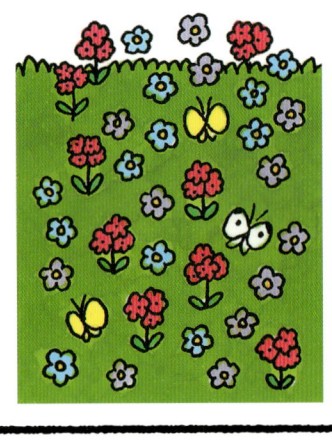

めに みえる ところ ぜんぶ。

いちもくさん
ねずみが いちもくさんに にげる。

ほかの ことを かんがえずに いっしょうけんめい はしる ようす。

いつ
サンタクロースは いつ くるの。

ひにちや じかんを きく ときに つかう ことば。

いっしゅうかん → 33ページ

いっしょ
じゃがいもと にんじんを いっしょに にる。

ひとつに まとめる こと。

いっしょ
ともだちと いっしょに すなばで あそぶ。

あつまって おなじ ことを する こと。

い

いっしょうけんめい
いっしょうけんめい はしる。

いっせい
いっせいに てを あげる。

なにかを する ときに、じぶんの ちからを ぜんぶ だす ようす。

みんなが そろって おなじ ことを する ようす。

いったい
いったい だれが やったのだろう。

なんだか よく わからないなと おもった ときに いう ことば。

いつのまにか
いつのまにか こおりが とけた。

きが つかない あいだに。

いっぱい
いちごが いっぱい ある。

あふれそうなくらい たくさん。

いつも
あさごはんは いつも パンだ。

どんな ときでも。

いと
はりに いとを とおす。

ぬのを ぬうのに つかう ほそくて ながい もの。

いど
いどの みずを くむ。

ちかの みずを くむ ために じめんに ふかく あなを ほった ところ。

い

いとこ
いとこが あそびに くる。

おとうさんや おかあさんの きょうだいの こども。

いなか
いなかには みどりが たくさん ある。

まちから とおくて たんぼや はたけが おおい ところ。

いなずま
そらに いなずまが ひかる。

かみなりが なる ときに ぴかっと ひかる ひかりの すじ。

いね
たんぼに いねが みのる。

たんぼで そだてて こめに する しょくぶつ。

いねむり
ほんを よみながら いねむり する。

なにかを しながら ねむって しまう こと。

いのち
いのちを たいせつに する。

いきる もとに なる ちから。

いのる
あした はれますようにと いのる。

かみさまや ほとけさまに なにかを おねがい する。

いばる
おにいさんは すぐ いばる。

じぶんは えらいんだと いう ことを ひとに みせる。

いびき

おとうさんの いびきは うるさい。

ねて いる ときに、はなや くちが ぐうぐう なる おと。

いま

いま、なんじですか。

ちょうど この じかん。

いみ

ことばの いみを しらべる。

ことばや しるしが つたえようと して いる こと。

いもうと

ぼくには いもうとが ひとり いる。

きょうだいの なかで じぶんより としが したの おんなの こ。

→ かぞく

いやがる

はいしゃさんに いくのを いやがる。

したくない、されたくないと おもう。

いよいよ

いよいよ あしたは えんそくだ。

まって いた ことが すぐ そこまで ちかづいて いる ようす。

いりぐち

ここが どうぶつえんの いりぐちだ。

たてものなどの なかに はいる ところ。

↕ でぐち

いる

おりの なかに ライオンが いる。

ひとや どうぶつが そこに ある。

いろ

● あか、あお、きいろなど、めで かんじる もの。

きいろ YELLOW イエロウ

あお BLUE ブルー

あか RED レッド

みどり GREEN グリーン

くろ BLACK ブラック

ちゃいろ BROWN ブラウン

ピンク（ももいろ） PINK ピンク

オレンジいろ（だいだいいろ） ORANGE オーリンジ

むらさき PURPLE パープル

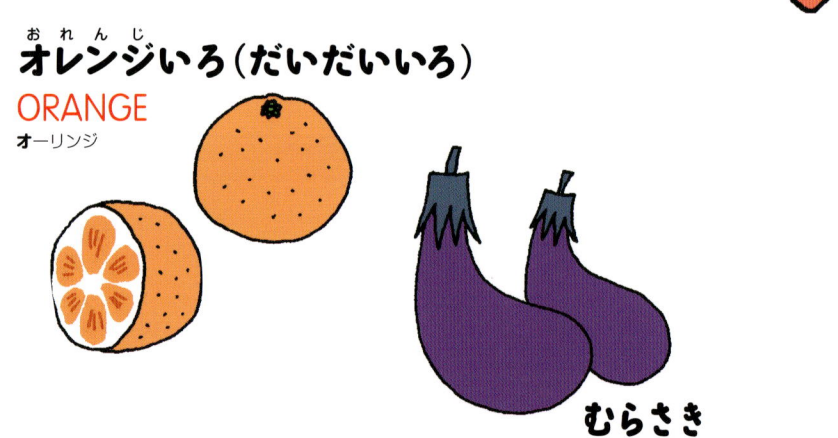

しろ WHITE ホワイト

40

い

いる
あめの ひには かさが いる。
ないと こまる。

いれもの
りんごを はこぶ ためには いれものが いる。
ものを いれて おく ための どうぐ。

いれる
バケツに すなを いれる。
ものを そとから なかに うつす。

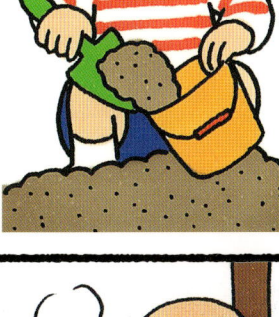

いろ → 40ページ
↕ だす

いろいろ
いろいろな くだものが ならぶ。
ちがう ものが たくさん ある ようす。

いろり
いろりで さかなを やく。
へやの ゆかに しかくに あなを ほって、ひを もやすように した ところ。

いわ
いわを のぼる。
かんたんには うごかせない おおきな いし。

いわう
たんじょうびを いわう。
おめでとうと いう うれしい きもちを あらわす。

ウ う

うえ
くもの うえを とぶ。

たかい ところ。

⇅ した　↓ むき

うえ
うえに カーディガンを きる。

ものの いちばん そとがわ。

⇅ した

うえ
おにいさんは わたしより としが 3さい うえだ。

かずや としが おおい こと。

⇅ した

うえる
にわに きを うえる。

くさや きの ねを つちの なかに うめて そだてる。

42

う

うがい
そとで あそんだ あとは うがいを する。 
みずを くちに いれて、くちゅくちゅと くちゃくちゃや のどを きれいに する こと。

うかぶ
そらに くもが うかぶ。 
ものが おちないで、うえや、じめんから はなれた ところに ある。

うかべる
おもちゃの ふねを うかべる。 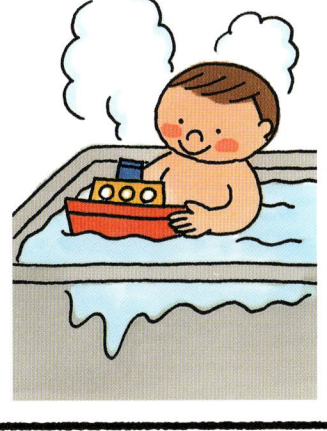
みずの うえや、じめんから はなれた ところに あるように する。

うく
ビーチボールは みずに うく。 
ものが みずの そこや じめんの うえに おちないで いる。

↕ しずむ

うけとる
てがみを うけとる。 
わたされた ものを じぶんの ものに する。

うける
ボールを うける。 
じぶんの ところに むかって くる ものを とる。

うごかす
いすを うごかす。 
ものを ゆらしたり ちがう ところに もって いったり する。

うごく
カーテンが かぜで うごく。 
ものが ゆれたり ちがう ところに いったり する。

う

うしなう
かじで いえを うしなう。

いままで もって いた ものを なくす。

うしろ
たちあがって うしろを みる。

じぶんの せなかの ほう。

⇅ まえ　→ むき

うす
うすと きねで もちを つく。

もちを つく ときに もちを いれる おおきな どうぐ。

うず
みずを かきまぜると うずが できる。

わのように ぐるぐると まわる みずの うごき。

うすい
この しょくパンは うすい。

おもてから うらまでの あいだが あまり なくて、ぺらぺら して いる ようす。

⇅ あつい

うすい
うすい みどりの ぼうし。

いろが よわくて はっきり して いない ようす。

⇅ こい

うずくまる
じめんに うずくまる。

せなかや ひざを まげて からだが ちいさく なるように する。

うずまく
くじらが はねると なみが うずまく。

みずが ぐるぐる まわって、わのような かたちに なる。

う

うすめる
ジュースを みずで うすめる。

なにかを たして、あじや いろを うすく する。

うそ
ぼくが やったのでは ないと うそを つく。

ほんとうでは ない こと。

↕ ほんとう

うそつき
うそつきは いけないよと しかられる。

うそを いう ひと。

うた
すきな うたを きく。

ことばを おんがくに あわせた もの。

うたう
ともだちと いっしょに うたう。

がっきや おとに あわせて こえを だす。

うたがう
おにいさんを うたがう。

ひとが いって いる ことを うそかも しれないと おもう。

うち
ふくは うち。おには そと。

ものの なかの ほう。

うちあける
ひみつを おかあさんに うちあける。

かくして いた ことを ひとに はなす。

う

うちゅう 
うちゅうに いって みたいな。
たいようや ほしなどが ある、とても おおきく ひろがった せかい。

うつ 
くぎを うつ。
いきおい よく たたく。

うつ 
てっぽうを うつ。
てっぽうを つかって たまを とばす。

うっかり 
うっかり して ハンカチを おとす。
ぼんやり して いて きが つかない ようす。

うつくしい
うつくしい はなが さいて いる。
とても きれいな ようす。

うつす 
はなの しゃしんを うつす。
しゃしんに とる。

うつす 
かがみに かおを うつす。
ものの かたちを かがみや みずの うえで みえるように する。

うつす 
つくえを まどの そばに うつす。
ほかの ところに うごかす。

う

うっとり
きれいな ふくを うっとりと ながめる。

すてきだなと おもって ぼうっと なる ようす。

うつぶせ
うつぶせで ほんを よむ。

おなかを したに むけて ねる こと。

⇕ **あおむけ**

うつむく
おかあさんに しかられて うつむく。

かおを したに むける。

うつる
3にんで しゃしんに うつる。

しゃしんに とられる。

うつる
いけに すがたが うつる。

ものの かたちが かがみや みずの うえに みえる。

うつる
となりの いすに うつる。

ほかの ところに うごいて いく。

うでぐみ
うでぐみを して かんがえる。

りょうほうの うでを むねの まえで くむ こと。

うなずく
おかあさんの はなしに うなずく。

わかったとか そうだとか いう きもちを あらわす ために、かおを たてに ふる。

う

うなだれる
かけっこに まけて うなだれる。

がっかり して あたまを したに むける。

うなる
いぬが うなる。

どうぶつが おこって こわい こえを だす。

うぬぼれる
えが うまいと うぬぼれる。

かってに じぶんの ことを えらいと おもう。

うねる
なみが うねる。

なみが おおきく ゆっくり うごく。

うばう
いもうとから おもちゃを うばう。

ひとの ものを むりやり じぶんの ものに する。

↕ あげる

うまい
この ハンバーグ(はんばーぐ)は うまい。

たべものが おいしい ようす。

↕ まずい

うまい
ぼくは こうさくが うまい。

じょうずに できる ようす。

うまる
あしが ゆきに うまる。

ものが うえに かさなって みえなく なる。

う

うまれる
いぬの あかちゃんが うまれる。

あかちゃんや たまごが おかあさんの おなかから でる。

うみ
うみで およぐ。

しおからい みずが ずっと とおくまで つづいて いる、ひろい ところ。

うむ
にわとりが たまごを うむ。

おかあさんが、あかちゃんや たまごを おなかから だす。

うめる
いぬが ほねを うめる。

つちの なかに いれて そとから みえなく する。

うら
ぼうしの うらに なまえを かく。

ものの かくれて みえない ほう。

↕ おもて

うらがえす
ホットケーキを うらがえす。

うらだった ほうが おもてに なるように する。

うらぎる
いもうとが うらぎって おかあさんに いいつける。

あいてが ねがって いる ことと はんたいの ことを する。

うらむ
おかあさんに いいつけた いもうとを うらむ。

じぶんに ひどい ことを した ひとに、しかえしを したいと おもう。

う

うらめしい
うらめしやー。
あいてに しかえしを したいと おもう ようす。

うらやましい
じてんしゃに のれる ひとが うらやましい。
ひとの ようすを みて、じぶんも おなじだったら いいなと おもう ようす。

うりきれる
すきな おかしが うりきれる。
ぜんぶ うれて のこりが なくなる。

うる
さかなやさんは さかなを うる おみせだ。
おかねを もらって しなものを わたす。

↕ かう

うるさい
じどうしゃの おとが うるさい。
こえや おとが おおきくて がまん できない ようす。

うれしい
おじいちゃんに あえて うれしい。
いい ことが あって たのしい きもちに なる ようす。

↕ かなしい

うれる
かきが たくさん うれる。
くだものが おいしく たべられるくらいに そだつ。

うろ
きの うろに りすの すが ある。
あなが あいて なかが からに なって いる ところ。

う

うろこ
さかなの うろこが ひかる。

さかなの からだに たくさん ついている、うすくて かたい ちいさな もの。

うわぎ
うわぎを ぬぐ。

いちばん うえに きる、まえが あいて いる ふく。

うわさ
ともだちの うわさを する。

いま いっしょに いない ひとの はなしを する こと。

うん
あたりが でるなんて うんが いい。

いい ことが おこるか わるい ことが おこるか、じぶんでは どうしようも できない こと。

うんてん
おとうさんが くるまを うんてん する。

のりものや きかいを うごかす こと。

うんてんしゅ
でんしゃの うんてんしゅは かっこいい。

のりものを うごかす しごとを する ひと。

うんどう
ボールを つかった うんどう。

たのしんだり ずっと げんきで いたり する ために、からだを うごかす こと。

うんどうかい
うんどうかいで たまいれを する。

たくさんの ひとが あつまって、かけっこや たまいれなどの きょうそうを する こと。

エ　え

え
どうぶつの えを かく。

せんや いろを つかって、ものの かたちを かみなどに かいた もの。

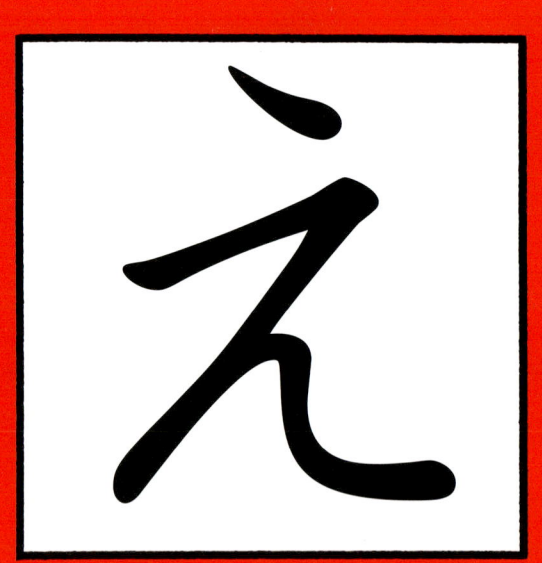

えいが
かいじゅうの えいがを みる。

おはなしを おおきな うごく えを つかって みせる もの。

えいご
えいごで あいさつを する。

イギリス（いぎりす）や アメリカ（あめりか）などで つかわれて いる ことば。

えいゆう
おひめさまを まもった えいゆう。

つよくて みんなから すかれる りっぱな ひと。

えいよう
ぎゅうにゅうは とても えいようが ある。

からだを おおきく したり、げんきに したり するために たいせつな もの。

えがお
あかちゃんの えがおは かわいい。

にこにこと わらって いる かお。

えき
えきで でんしゃを まつ。

でんしゃが とまって、ひとが のったり おりたり する ところ。

えくぼ
わらうと えくぼが できる。

わらうと ほおに できる、ちいさく へこんだ ところ。

えさ
うさぎに えさを やる。

かって いる どうぶつに たべさせる もの。

エスカレーター
エスカレーターで 2かいに いく。

ひとを のせて、うえや したに うごく かいだん。

え

えだ
きの えだに ぶらさがる。

きの みきから わかれて でて いる もの。

えと → じゅうにし

エネルギー
でんきも ガスも たいせつな エネルギーだ。

きかいを うごかす ために つかう ちから。

えび
えびは かにの なかまだ。

うみや かわに すみ、からだが からに おおわれて いる いきもの。

エプロン
おとうさんと おそろいの エプロン。

そうじや りょうりを する ときに、ふくを よごさないように つける もの。

えほん
しらゆきひめの えほんを よむ。

えを みて おはなしが わかるように つくられた こどもの ほん。

えもの
とらが えものを ねらう。

たべる ために とる どうぶつや さかな。

えらい
おてつだいを する こは えらい。

する ことが ほかの ひとより りっぱな ようす。

えらぶ
みどりの ぼうしを えらぶ。

いくつか ある なかから ひとつ きめる。

え

えり
しろい えりが ついた ようふく。

ふくの くびの まわりに つけた ぶぶん。

エレベーター
エレベーターが くるのを まつ。

ひとを のせて うえや したに はこぶ、はこの かたちを した きかい。

えんぎ
えんぎの いい ゆめを みる。

いい ことや わるい ことが おきる しらせと なる もの。

エンジン
くるまも ひこうきも エンジンで うごく。

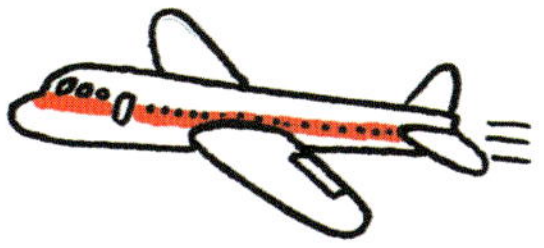

じどうしゃや ひこうきを うごかす ための きかい。

えんそう
バイオリンを えんそう する。

がっきを ならして おんがくを きかせる こと。

えんそく
すいぞくかんに えんそくに いく。

せんせいと いっしょに、みんなで とおくへ いって たのしむ こと。

えんりょ
えんりょを して ことわる。 

ほかの ひとの ために、じぶんの したい ことを ちょっと がまん する こと。

オ　お

お
いぬは うれしいと おを ふる。

どうぶつの おしりから ほそながく のびて いる ぶぶん。

おいかえす
ついて きた いぬを おいかえす。

こっちに きた ものを おいはらって かえらせる。

おいかける
ボール(ぼーる)を おいかける。

おいつこうと して、あとから いそいで ついて いく。

おいこす
オートバイ(おーとばい)が くるまを おいこす。

うしろに いた ものが おいついて まえに でる。

お

おいしい
この メロンは おいしい。

あじが いい ようす。

おいしゃさん
おいしゃさんに のどを みて もらう。

びょうきや けがを なおす しごとを する ひと。

おいだす
へやから ねこを おいだす。

むりやり そとへ だす。

おいつく
おとうさんに おいつく。

うしろから いって、まえに いる ひとの ところに ならぶ。

おいはらう
うるさい はえを おいはらう。

じゃまな ものを ほかの ところに いかせる。

おう
こねこが おかあさんねこの あとを おう。

さきへ いく ものに ついて いく。

おうえん
サッカーの おうえんを する。

がんばれと こえを かけて、げんきが でるように して あげる こと。

お

おうだんほどう
おうだんほどうを わたる。

あるく ひとが あんぜんに どうろを わたれるように きめて ある ところ。

おおい
ぼくの ほうが ごはんが おおい。

ほかと くらべて たくさん ある ようす。

↕ **すくない**

おおう
てじなしが はこを ハンカチ（はんかち）で おおう。

なにかを うえから かぶせて、なかの ものを みえなく する。

おおきい
ぞうの ほうが おおきい。

ひろさや たかさなどが ほかより おおい ようす。

↕ **ちいさい**

おおげさ
ころんで おおげさに なく。

ほんとうは ちいさな ことなのに、おおきな ことのように みせる ようす。

おおぜい
おおぜいの ひとが あつまる。

ひとが たくさん いる こと。

おか
おかの うえに ねころぶ。

じめんが、まわりよりも すこし たかく なって いる ところ。

おかあさん
おかあさんは パン（ぱん）を やくのが じょうずだ

じぶんを うんで、そだてて くれて いる おんなの ひと。

↓ **かぞく**

お

おかげ
おいしゃさんの おかげで びょうきが なおる。

ああ よかったと おもうように たすけて くれた こと。

おかし
→61ページ

おかしい
おかしい はなしを する。

おもしろくて わらいたく なって しまう ようす。

おかしい
おかしいな。ホースから みずが でない。

ふつうと ちがって いて、へんだなと おもう ようす。

おかず
きょうの おかずは コロッケです。

ごはんと いっしょに たべる もの。

おかね
ひろった おかねを こうばんに とどける。

ものを かう ときに つかう もの。

おがむ
おじぞうさまを おがむ。

かみさまなどに むかって てを あわせる。

おがわ
おがわで ざりがにを とる。

ほそくて ちいさい かわ。

おかわり
ごはんを おかわり する。

おなじ ものを もう いちど たべたり のんだり する こと。

ほっとけーき
ホットケーキ
PANCAKE
パンケイク

せんべい

あめ
CANDY
キャンディ

だんご

ちょこれーと
チョコレート
CHOCOLATE
チョコレット

ぽっぷこーん
ポップコーン
POPCORN
パップコーン

ぷりん
プリン
PUDDING
プディング

60

お おかし

● しょくじの ほかに たべる あまい ものや しおからい もの。

ドーナツ
DOUGHNUT
ドゥナット

ケーキ
CAKE
ケィク

ゼリー
JELLY
ジェリー

クッキー
COOKIE
クッキー

アイスクリーム
ICE CREAM
アイス クリーム

シュークリーム

お

おきあがる
ベッドから おきあがる。

よこに なって いる からだを じぶんで たてに する。

おきゃくさま
おきゃくさまに あいさつを する。

いえや おみせに きて くれる ひと。

おぎょうぎ
あるきながら たべるのは おぎょうぎが わるい。

ちゃんと まもって しなければ いけない、あいさつや うごき。

おきる
あかちゃんが おきる。

ねむって いた ひとが めを さます。

おく
はちみつの びんは おくに ある。

なかの ほうへ ふかく はいった ところ。

おく
テーブルの うえに コップを おく。

ものを ある ところに のせる。

おくじょう
おくじょうで ほしを ながめる。

たてものの いちばん うえで、ひとが でられる ところ。

おくびょう
うちの いぬは おくびょうだ。

どんな ことでも すぐに こわがる ようす。

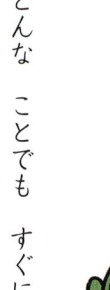

お

おくりもの → プレゼント

おくる
おじいちゃんに てがみを おくる。

もって いる ものを、はなれた ところに とどくように する。

おくる
おきゃくさまを ていりゅうじょまで バスの おくる。

かえって いく ひとに、わかれる ところまで ついて いく。

おくる
たんじょうびに プレゼントを おくる。

おいわいや おれいの きもちで ひとに なにかを あげる。

おくれる
まちあわせに おくれる。

きめられた じかんより あとに なる。

おけ
おけで みずを はこぶ。

みずを くむ ための いれもの。

おけいこ
せんせいに ならって ピアノの おけいこを する。

れんしゅう する こと。

おけしょう
おかあさんは まいあさ おけしょうを する。

かおに おしろいや くちべにを ぬって きれいに する こと。

おこす
おかあさんを おこす。

めが さめるように して あげる。

お

おこづかい
おこづかいで はなを かう。

すきなように つかえる おかね。

おこる
じしんが おこる。

いままで なかった ことが きゅうに はじまる。

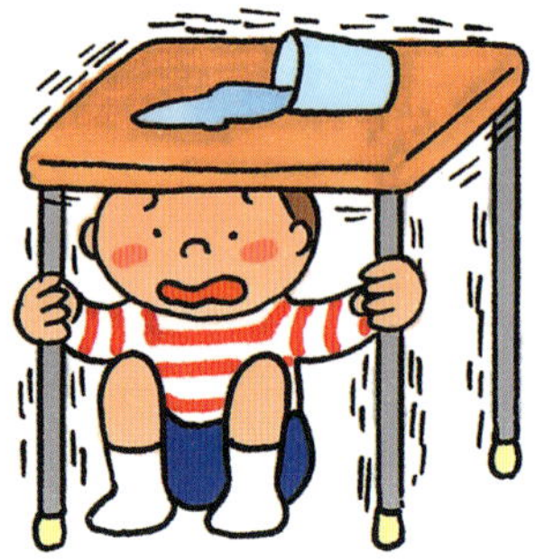

おこる
みずを かけられて かんかんに おこる。

いやな ことを されて、こわい かおを する。

おさえる
りょうてで ぼうしを おさえる。

うごかないように うえから つよく おす。

おしい
この くつを すてるのは おしい。

だいじに して いる ものを、なくしたり すてたり したくないなと いう きもちに なる ようす。

おじいさん
おじいさんと つりに いく。

おとうさんや おかあさんの おとうさん。よその おとしよりの おとこの ひと。

↓ かぞく

おしえる
おばあさんに みちを おしえる。

じぶんが しって いる ことを あいてに しらせて あげる。

お

おじぎ
おじぎを して わかれる。 
あたまを さげて する あいさつ。

おじぞうさま
おじぞうさまに はなを そなえる。 
みちの わきなどに ある、いしで つくった ほとけさま。

おじさん
おじさんに やきゅうを おそわる。
おとうさんや おかあさんの きょうだい。よその おとこの おとなの ひと。

おしまい
まくが おりたら げきは おしまい。
おわり。

おしゃべり
ともだちと おしゃべり する。
ぺちゃくちゃと たくさん はなす こと。 

おしゃれ
おしゃれを して でかける。 
きれいな かっこうを する こと。

お

おしろ
おかの うえに たつ おしろ。

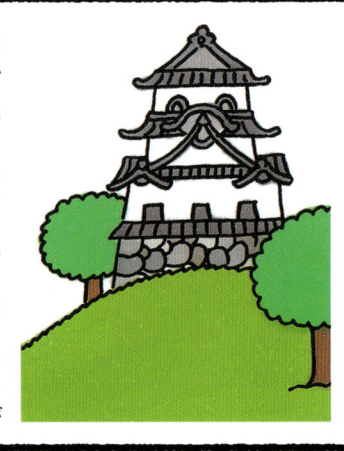

むかし、とのさまや おうさまが すんで いた おおきな たてもの。

おす
ライオンの おすには たてがみが ある。

いきものの おとこの ほうを よぶ ことば。

↕ めす

おす
ベビーカーを おす。

じぶんから とおくに いくように、ちからを いれて うごかす。

↕ ひく

おせじ
すきな おんなの こに おせじを いう。

あいてが きもちよく なるように ほめる ことば。

おせっかい
ともだちに おせっかいを やく。

たのまれて いないのに ひとの せわを する こと。

おそい
おとうさんの かえりが おそい。

じかんが あとの ほうで ある ようす。

↕ はやい

おそい
かめは うさぎより はしるのが おそい。

じかんが かかる ようす。

↕ はやい

おそう
はちが ひとを おそう。

きゅうに せめて いく。

お

おそるおそる
おそるおそる はしを わたる。
こわいなと おもいながら なにかを する ようす。

おそれる
かみなりを おそれる。
こわがって びくびく する。

おそろい
おかあさんと おそろいの ふく。
かたちや いろなどが おなじで ある こと。

おそわる
せんせいに えいごを おそわる。
おしえて もらう。

おそろしい
おそろしい はなしを きく。
いやな ことが おこりそうで、にげたく なる ようす。

おたがい
おたがいに あやまる。
あいてと じぶんの りょうほうとも。

おちつく
おかあさんの そばに いると おちつく。
しんぱいな ことが なくなって、あんしんな きもちに なる。

お

おちば
おちばを あつめる。

かれて きから おちた はっぱ。

おちゃめ
いもうとは おちゃめだ。

たのしく なるような いたずらを する ようす。

おちる
スプーンが ゆかに おちる。

うえに あった ものが いきおい よく したに いく。

おつかい
パンやさんに おつかいに いく。

ひとに たのまれて なにかを しに いく こと。

おてつだい
せんせいの おてつだいを する。

ほかの ひとの しごとを たすける こと。

おてんば
いもうとは おてんばだ。

げんきが たくさん あって よく うごく おんなの この ようす。

おと
なみの おとが きこえる。

みみに きこえて くる もの。

おとうさん
おとうさんに かみひこうきを つくって もらう。

じぶんを そだてて くれて いる おとこの ひと。

↓かぞく

お

おとうと
わたしには おとうとが いる。

きょうだいの なかで、じぶんより としが したの おとこの こ。

↓ かぞく

おどかす
おかあさんを おどかす。

びっくり させて こわがらせる。

おとぎばなし
おとぎばなしの げきを する。

こどもに きかせる ための、むかしから ある はなし。

おとこ
おとうさんは おとこです。 

にんげんで、こどもを うまない ほうの ひと。

↕ おんな

おとしだま
おとうさんから おとしだまを もらう。

おしょうがつを いわって、おとなが こどもに あげる おかね。

おとしより
おとしよりの にもつを もって あげる。

ながく いきて、としが おおい ひと。

おとす
ソフトクリームを じめんに おとす。

うえに あった ものを いきおい よく したに いかせる。

お

おどす
からすを おどして おいはらう。

こわがらせる。

おととい
おとといも きのうも きょうも あめだ。

きのうの まえの ひ。

おとな
おとなに なったら はなやさんに なりたいな。

からだが おおきく なり、こころも しっかりと そだった ひと。

↕ こども

おとなしい
ひつじは おとなしい どうぶつです。

しずかで おちついて いる ようす。

おどる
うんどうかいで おどる。

おんがくに あわせて からだを うごかす。

おどろかす
いもうとを おどろかす。

ひとが おもって いないような ことを して、びっくり させる。

おどろく
いぬに ほえられて おどろく。

おもって いなかった ことに あって、びっくり する。

お

おなじ
ともだちと おなじ ぼうしを かぶる。

くらべて みた ときに、かたちや いろなどが ちがわない ようす。

おなら
いもを たべたら おならが でた。

おしりの あなから でる、おなかに たまった くうき。

おに
ももたろうが おにを やっつける。

むかしの おはなしに でて くる、つのや きばが ある いきもの。

おにいさん
おにいさんと サッカーを する。

じぶんより としが うえの おとこの きょうだい。としが うえの よその おとこの ひと。

→ かぞく

おにぎり
きょうの おべんとうは おにぎりだ。

ごはんを てで にぎって、まるや さんかくに した たべもの。

おねえさん
おねえさんに じを おそわる。

じぶんより としが うえの おんなの きょうだい。としが うえの よその おんなの ひと。

→ かぞく

おねがい
おねがいを かいて ささに つける。

そう なって ほしいと たのむ こと。

おねしょ
おねしょに きが ついて おきる。

ねて いる あいだに、ふとんの なかで おしっこを して しまう こと。

お

おの
おで まきを わる。

きを きったり わったり する どうぐ。

おばあさん
おばあさんに ぬいものを おそわる。

おとうさんや おかあさんの おかあさん。よその おとしよりの おんなの ひと。
→ かぞく

おはか
きんぎょの おはかを つくる。

しんだ ひとや いきものを うめた ばしょ。

おばけ
おばけが でそうで こわい。

きもちの わるい すがたに ばけて でると いわれて いる もの。

おばさん
おばさんに おもちゃを かって もらう。

おとうさんや おかあさんの おんなの きょうだい。よその おとなの おんなの ひと。

おはなし → はなし

おびえる
いぬが かみなりに おびえる。

こわがる。

おひさま
おひさまが うみから かおを だす。

たいよう。

おひゃくしょうさん
おひゃくしょうさんが やさいを そだてる。

たんぼや はたけで こめや やさいを つくる しごとを する ひと。

お

おぶう
おかあさんが あかちゃんを おぶう。

せなかに のせて はこぶ。

おべんとう
えんそくで たべる おべんとうは おいしい。

でかける ときに もって いく しょくじ。

おぼえる
なんども かいて じを おぼえる。

おそわった ことを わすれないように する。

おぼれる
こねこが かわで おぼれる。

みずの なかに しずんで、しにそうに なる。

おまけ
パンを かったら おまけに クッキーを くれた。

なにかを かった ときに いっしょに くれる もの。

おまいり
おしょうがつは じんじゃへ おまいりに いく。

おはかや じんじゃや おてらなどに いのる こと。

おまじない
いたく なくなる おまじないを いう。

いやな ことが なくなったり、いい ことが おこったり するように おねがい する ことば。

いたいのいたいの とんでいけ〜

お

おまつり
おまつりで きんぎょすくいを する。 
なつや あきに、かみさまへ おくりものを して おいわいを する こと。

おまわりさん
おまわりさんが ぼくたちを まもる。 
みんなを じけんや じこから まもる しごとを する ひと。

おみこし
おみこしが とおる。 
おまつりの ときに おおぜいで かつぐ もの。

おみせ
おみせで かいものを する。 
しなものを ならべて うる ところ。

おみまい
びょういんに おみまいに いく。 
びょうきの ひとや けがを した ひとの ところに いって はげます こと。

おみやげ
りょこうの おみやげを もらう。 
でかけた ときに かって くる しなもの。

おむこさん
かっこいい おむこさん。 
けっこん する おとこの ひとを よぶ ことば。

おむすび → **おにぎり**

お

おむつ
おむつを とりかえる。 
あかちゃんの ための パンツ。

おめかし
リボンを つけて おめかしを する。 
おしゃれを する こと。

おもい
この いしは おもい。 
もつ ために ちからが たくさん いる ようす。
⇕ **かるい**

おもいきり
ボールを おもいきり ける。 
だせる ちからを ぜんぶ だす ようす。

おもいだす
ボールを どこに わすれたかを おもいだす。 
わすれて いた ことを もう いちど おもう。

おもいつく
いい ことを おもいつく。 
きゅうに かんがえが でて くる。

おもいで
なつやすみの おもいでを えに かく。 
まえに あった ことを もう いちど おもいだす こと。

おもいやる
けがを した ともだちを おもいやる。 
その ひとの ことを しんぱい する。

お

おもう
そらを とべたら いいなと おもう。  
かんじたり かんがえたり する。

おもしろい
おもしろい かおを して わらわせる。 
たのしくて わらいたく なるような ようす。

おもたい
おとうとは おもたい。 
とても おもい。

おもて
ぼうしの おもてに バッジを つける。  
ものの そとから みえる ほう。

↕ うら

おもちゃ
へやに おもちゃを ちらかす。
こどもが あそびに つかう もの。

おもり
あかちゃんの おもりを する。
ちいさい こどもの せわを する こと。 

おもわず
びっくり して おもわず さけぶ。 
そう しようと おもわないのに して しまう ようす。

お

おや
この ふたりは わたしの おやです。

おとうさんや おかあさん。

おやこ
にわとりの おやこ。

おやと こども。

おやつ
きょうの おやつは ドーナツだ。

ひるごはんと よるごはんの あいだに たべる もの。

おゆ
やかんで おゆを わかす。

みずを あたためた もの。

おゆうぎ
みんなで おゆうぎを する。

こどもが おんがくに あわせて する おどりや たいそう。

およぐ
プールで およぐ。

からだを うごかして みずの なかを すすむ こと。

およめさん
きれいな およめさん。

けっこん する おんなの ひとを よぶ ことば。

お

おり
おりに いれられた ライオン。

どうぶつなどを にがさないように いれて おく ための へや。

おりがみ
おりがみで つるを つくる。

いろの ついた かみを おって、いろいろな かたちを つくる あそび。

おりる
エスカレーターで おりる。

うえから したへ いく。

↕ あがる

おりる
バスから おりる。

のりものから そとへ でる。

↕ のる

おる
おりがみを おる。

ふたつに まげて かさねる。

おる
つるが ぬのを おる。

いとを たてと よこに くみあわせて ぬのを つくる。

オルゴール
オルゴールが なる。

ねじを まくと なんども おんがくが なる きかい。

おれい
せんせいに おれいを いう。

ありがとうの きもちを あらわす ことばや しなもの。

お

おれる
きの えだが おれる。 
まがって ふたつに なる。

おろす
たなから はこを おろす。 
うえから したへ うごかす。
↕ あげる

おわり
テレビを おわりまで みる。 
つづいて いたのに、その あとが なくなる こと。
↕ はじめ

おわる
おべんとうの じかんが おわる。 
おわりに なる。
↕ はじまる

おんがく
みんなで おんがっきで おとを だして たのしむ こと。

おんど
あおい ボタンを おすと おんどが さがる。
あつさや つめたさを すうじで あらわした もの。 

おんな
おかあさんは おんなです。 
にんげんで、こどもを うむ ほうの ひと。
↕ おとこ

カ か

かあさん → おかあさん

かい
すなはまで かいを ひろう。

かたい からの なかに はいって いる うみの いきもの。

がいこく
がいこくの ひとと ともだちに なる。

よその くに。

がいこつ
がいこつのように やせて いる。

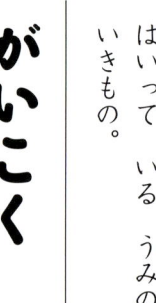

ほねだけで にんげんの かたちを して いる もの。

かいしゃ
おとうさんは あさ かいしゃに いく。

ものを つくったり ものを うったり して はたらく ところ。

80

かいじゅう

かいじゅうが ひを ふく。

ふしぎな ちからを もった、ほんとうは いない いきもの。

かいすいよく

みなみの しまで かいすいよくを たのしむ。

うみで およいだり あそんだり する こと。

かいそう

かいそうの あいだを さかなが およぐ。

うみの なかに はえる くさ。

かいだん

かいだんを おりる。

うえと したを いったり きたり できるように した だんだん。

かいちゅうでんとう

かいちゅうでんとうで あしもとを てらす。

もって あるく ことが できる でんきの あかり。

かいもの

デパートで かいものを する。

ものを かう こと。

かう

ほんやさんで ほんを かう。

おかねを わたして しなものを じぶんの ものに する。

↕ うる

かう

いぬを かう。

どうぶつに えさを あたえて せわを する。

かえす

かりた おもちゃを かえす。

もとの ばしょに もどす。

かえる

いもうとの ほんと わたしの ほんを かえる。

なにかを やめて ちがう ものに する。

かえる

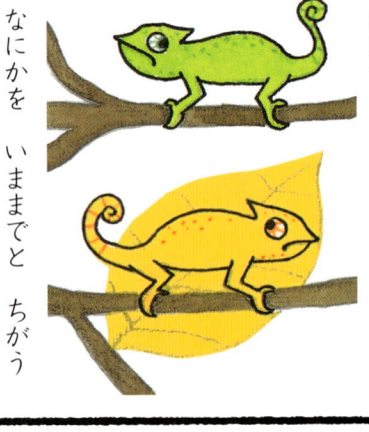

カメレオンは からだの いろを かえる。

なにかを いままでと ちがう ようすに する。

かえる

ようちえんから いえに かえる。

もと いた ところに もどる。

↕ いく

かえる

にわとりの たまごが かえる。

たまごから あかちゃんが でて くる。

かお

→ 83ページ

かおり

この せっけんは はなの かおりが する。

いい におい。

かかえる

ボールを かかえて はしる。

うでで はさんで しっかり もつ。

かかし

たんぼに かかしが たって いる。

たんぼに とりが こないように たたせて おく にんぎょう。

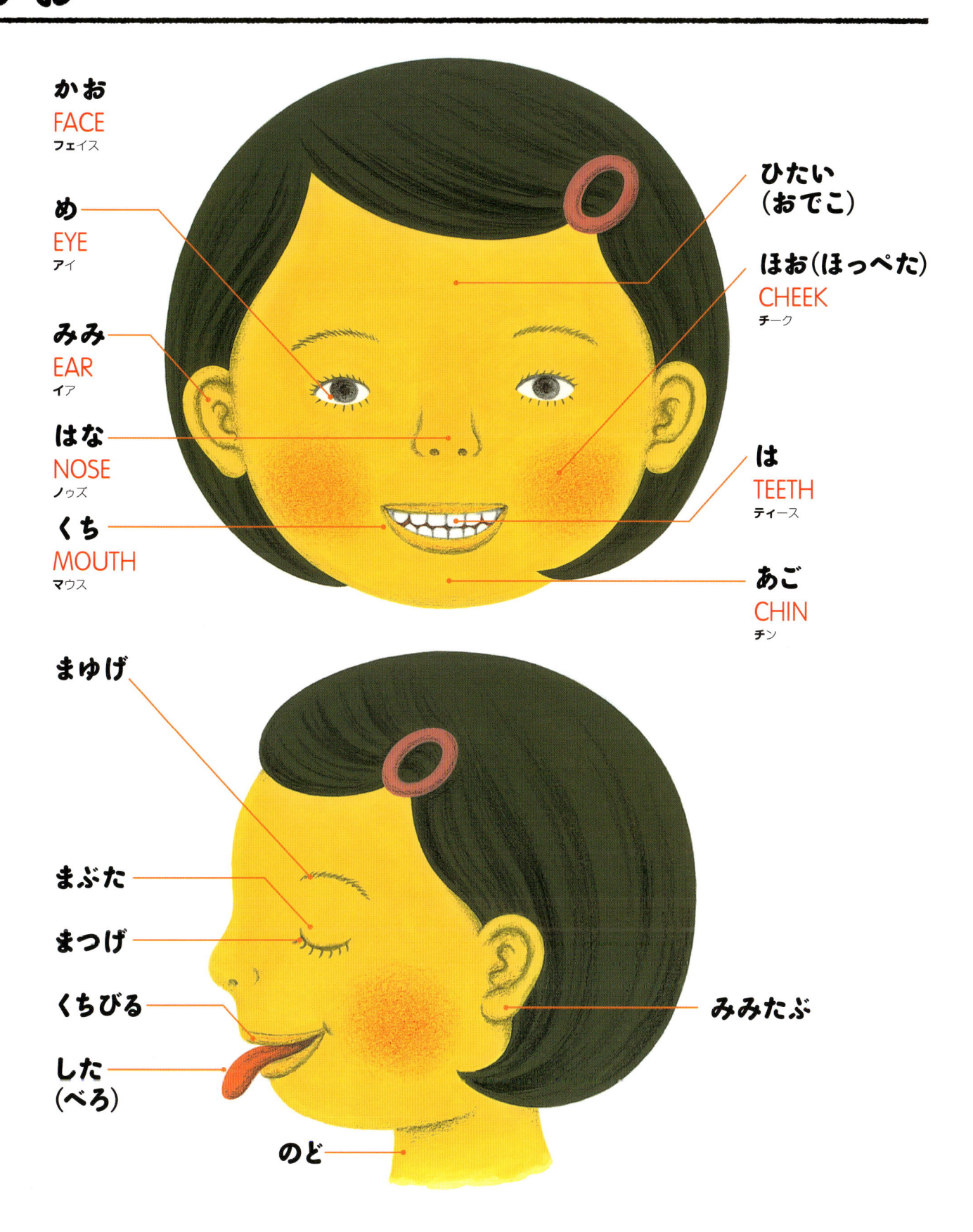

かお

● めや はなが ついて いる ところ。

かお
FACE
フェイス

め
EYE
アイ

みみ
EAR
イア

はな
NOSE
ノゥズ

くち
MOUTH
マウス

ひたい（おでこ）

ほお（ほっぺた）
CHEEK
チーク

は
TEETH
ティース

あご
CHIN
チン

まゆげ

まぶた

まつげ

くちびる

した（べろ）

みみたぶ

のど

か

かがむ
かがんで あなを のぞく。

かがやく
そらに ほしが かがやく。

きらきら ひかる。

あしや こしを まげて からだを ひくく する。

かかる
ようふくに どろが かかる。

みずが とんで くる。

かかる
みちが こんで、いつもより じかんが かかる。

おかねや じかんが いる。

かかる
インフルエンザに かかる。

びょうきに なる。

かぎ
ドアの かぎを しめる。

ドアや ふたが あかないように する ための しかけ。

かきね
かきねの ある いえ。

きや いたを ならべて へいの かわりに した もの。

かきまぜる
なべの シチュー(しちゅー)を かきまぜる。

てを ぐるぐる うごかして、なかの ものが よく まざるように する。

かく
うさぎを かく。

えんぴつや クレヨンで じゃえを しめす。

かく
あたまを かく。

ぼりぼりと ゆびを たてて うごかす。

かぐ
においを かぐ。

はなを ちかづけて においを かんじる。

かくす
いぬが くつを かくす。

そとから みえないように する。

かくれる
おにに みつからないように かくれる。

ひとから みえない ところに いく。

かくれんぼう
こうえんで かくれんぼうを する。

ひとりが おにに なって かくれた ひとを みつける あそび。

かげ
おとうさんの かげと ぼくの かげ。

ひかりの あたる はんたいがわに できる くろい かたち。

がけ
がけの うえに たつ しろ。

やまや きしが、したから うえに まっすぐに たって いる ところ。

かけつける
おまわりさんが かけつける。

いそいで すぐ くる。

かけっこ
かけっこで いちばんに なる。

だれが いちばん はやく はしれるか きょうそう する あそび。

かけら
われた ガラスの かけら。

われて とれた ちいさな ぶぶん。

かける
ちゃわんが かける。

はしの ぶぶんが われて すこし なくなる。

かける
コートを ハンガーに かける。

ぶらさげる。

かける
とんカツに ソースを かける。

みずや ソースなどを うえから たらす。

かける
うまが のはらを かける。

ひとや どうぶつが はしる。

かげる
つきが かげる。

くもが でて くらく なる。

かご

りんごの はいった かご。

たけや しょくぶつの つるで あんだ いれもの。

かご

とのさまが かごに のる。

ひとを のせて ふたりで かついで はこぶ むかしの のりもの。

かこむ

みんなで おにを かこむ。

まわりを ぐるりと つつむように する。

かさなる

とびばこが 3だん かさなる。

ある ものの うえに ほかの ものが のる。

かさねる

カードを かさねる。

ある ものの うえに ほかの ものを のせる。

かざる

テーブルに はなを かざる。

きれいに みえるように おく。

かざん

かざんが ばくはつ する。

じめんから ひや はいを ふきだして できた やま。

かし → おかし

かじ

ビルで かじが おきる。

たてものや もりなどが もえる こと。

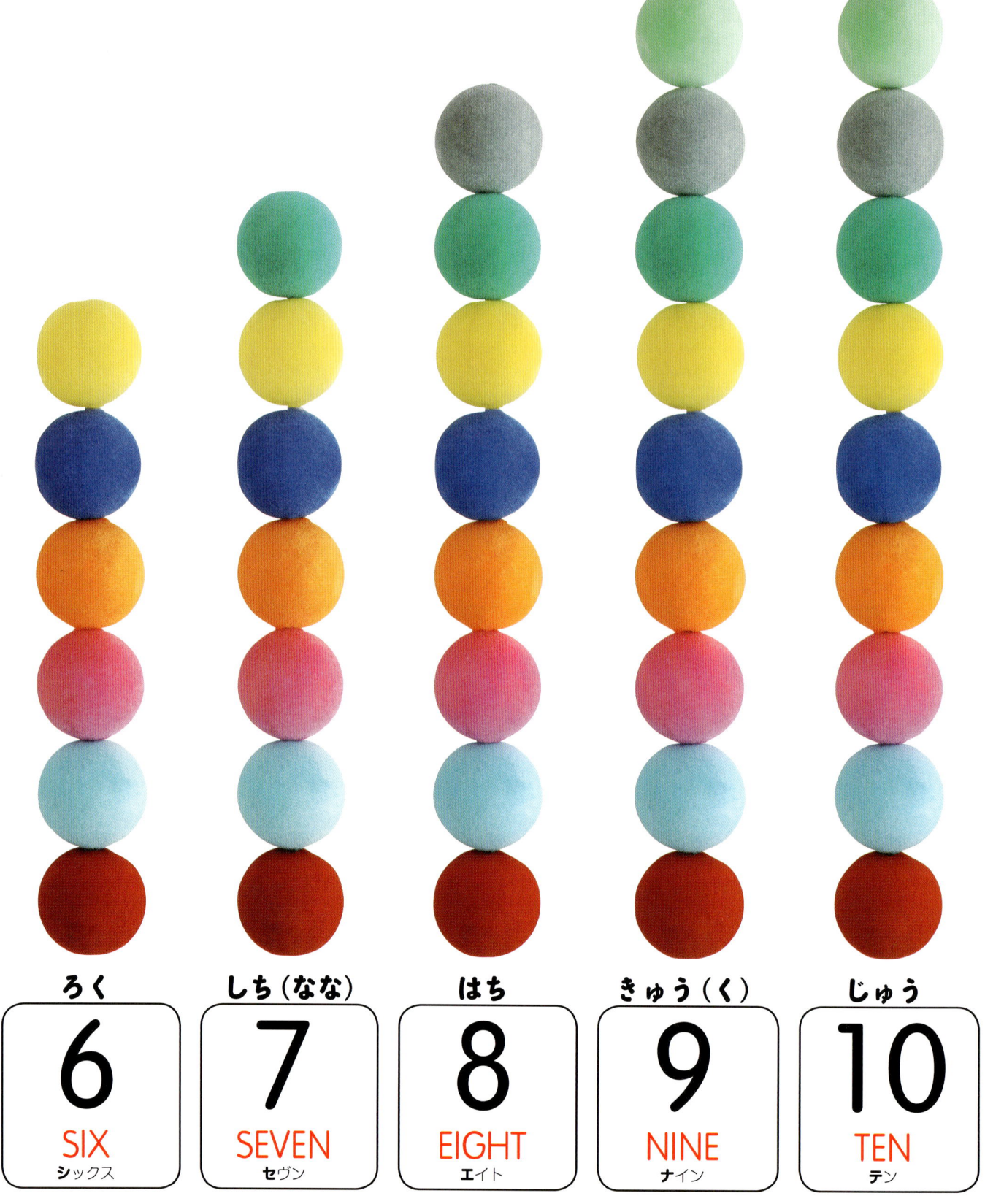

ろく	しち (なな)	はち	きゅう (く)	じゅう
6	**7**	**8**	**9**	**10**
SIX	SEVEN	EIGHT	NINE	TEN
シックス	セヴン	エイト	ナイン	テン

か

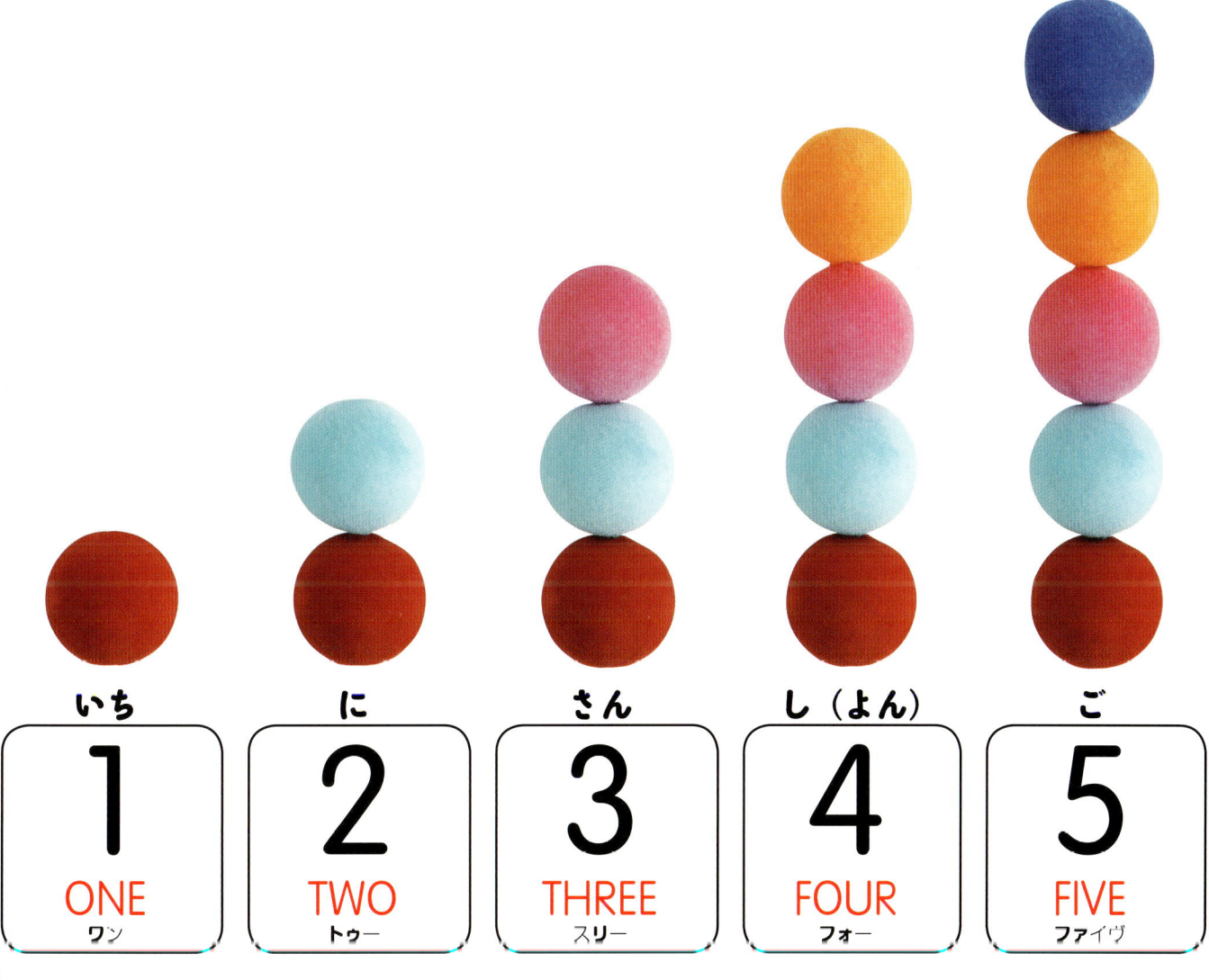

かず
● ものが いくつ あるかを あらわす ことば。

れい（ゼろ）

0
ZERO
ジィロウ

なにも ない ことです。

いち	に	さん	し（よん）	ご
1	**2**	**3**	**4**	**5**
ONE	TWO	THREE	FOUR	FIVE
ワン	トゥー	スリー	フォー	ファイヴ

かぞえる

●ものの かずが いくつか しらべる。

かぞえる ものに よって いろいろな かぞえかたが あります。

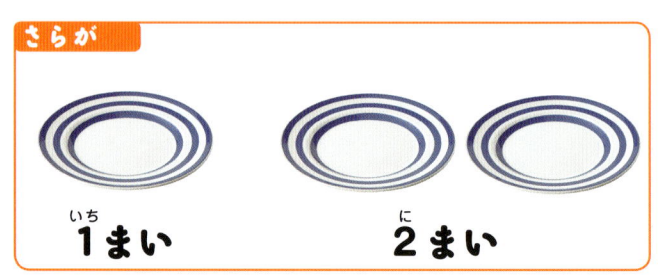

ひとが
ひとり　ふたり　3にん

ほんが
1さつ　2さつ　3さつ

りんごが
1こ　2こ

くつが
1そく　2そく　3ぞく

くるまが
1だい　2だい

さらが
1まい　2まい

りすが
1ぴき　2ひき　3びき

ジュースが
1ぱい　2はい　3ばい

きが
1ぽん　2ほん　3ぼん

とりが
1わ　2わ　3わ

うしが
1とう　2とう　3とう

かじ
せんちょうが ふねの かじを とる。

ふねの すすむ ほうこうを かえる もの。

かじかむ
さむさで てが かじかむ。

てや あしが つめたく なって じゆうに うごかなく なる。

かしげる
くびを かしげて かんがえる。

かたむける。

かしこい
ポチは かしこい いぬだ。

あたまが いい。

かじる
ねずみが チーズを かじる。

はで すこしずつ かんで くちに いれる。

かす
おとうとに おもちゃを かす。

かえして もらう やくそくで つかわせて あげる。

↕ かりる

かすか
かすかな おとが きこえる。

やっと わかるくらい すこし。

かず → 89ページ

かすれる
おおきな こえを だして こえが かすれる。

こえが ところどころ きえて よく でないように なる。

か

かぜ
かぜが ふいて カーテンが ゆれる。

くうきの ながれ。

かぜ
かぜを ひく。

ねつや せきが でる びょうき。

かぞえる → 90ページ

かぞく
→ 93ページ

かたい
かたい せんべい。

かんたんに かたちが かわらない ようす。

↕ やわらかい

かたかな
かたかなで ライオンと かく。

がいこくから きた ことばを しめす ときに つかう、にほんの もじの しゅるい。

かたき
こがにが おやがにの かたきを やっつける。

にくい あいて。

かたぐるま
おとうさんに かたぐるまを して もらう。

ひとを かたに のせる こと。

かたち
→ 94ページ

かたづける
つかった ものを しまう。

だした ほんを かたづける。

かたな
かたなを こしに さした さむらい。

むかし さむらいが つかった たたかいの どうぐ。

かぞく ●いっしょの いえに くらして いる ひと。

ぼくの かぞくは 5にんです。

おかあさん（ママ）
MOTHER
マザー

おとうさん（パパ）
FATHER
ファーザー

おねえさん
（おんなの きょうだい）
SISTER
シスター

いもうと

ぼく

わたしの かぞくは 7にんです。

おじいさん
GRAND FATHER
グラン ファーザー

おばあさん
GRAND MOTHER
グラン マザー

おかあさん（ママ）
MOTHER
マザー

おとうさん（パパ）
FATHER
ファーザー

おにいさん

わたし

おとうと
（おとこの きょうだい）
BROTHER
ブラザー

93

かたち
● みて わかる ものの かっこう。

しかく
SQUARE
スクウェア

ハート（は ー と）
HEART
ハート

まる（えん）
CIRCLE
サークル

だえん
OVAL
オゥヴァル

ひしがた
DIAMOND
ダイアモンド

さんかく
TRIANGLE
トゥライアングル

だいけい

か

かたほう
くつの かたほうが なくなる。
ふたつ ある うちの ひとつ。

↕ りょうほう

かたまり
ゆきの かたまりを つくる。
あつまったり くっついたり した もの。

かたまる
ゼリーが かたまる。
やわらかい ものが かたく なる。

かたむく
とうが かたむく。
ななめに なる。

かたむける
いたを かたむけて たまを ころがす。
ななめに する。

かためる
どろを かためて だんごに する。
どろどろと した ものを かたく する。

かだん
かだんに きゅうこんを うえる。
にわや こうえんで はなを うえる ばしょ。

かつ
じゃんけんに かつ。
じぶんが あいてより つよい ことが きまる。

↕ まける

がっかり
あめで えんそくが なくなって がっかり する。

おもう とおりに ならなくて、げんきが なくなる ようす。

かっこいい
しんかんせんは かっこいい。

みた かんじが いい。

がっこう
おにいさんは がっこうに かよって いる。

べんきょうを おそわる ところ。

かつやく
にほんの せんしゅが かつやく する。

がんばって すばらしい はたらきを する こと。

がっき
→ 97ページ

かつぐ
おみこしを かつぐ。

ものを かたに のせる。

かっこう
おねえさんは あたまの かっこうを きに する。

みた かんじ。

かって
ひとの ものを かってに つかっては いけません。

ひとの ことを かんがえないで、じぶんの したいように する ようす。

かど
しかくには 4つ かどが ある。

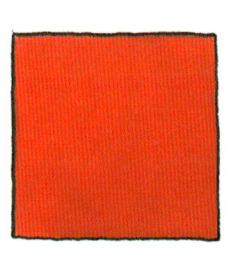

ものの はしが とがって いる ところ。

がっき
● おとを だして おんがくを つくる どうぐ。

ピアノ

タンバリン

シンバル

トライアングル

カスタネット

ドラム

もっきん

ハーモニカ

ギター

バイオリン

クラリネット

にほんの がっき

しゃみせん

たいこ

かなう

きんメダルの ゆめが かなう。

ねがって いた ことが ほんとうに なる。

かなえる

かみさまが ねがいを かなえて くれるように いのる。

だれかが ねがって いる ことを ほんとうの ことに して やる。

かなきりごえ

かなきりごえを あげる。

きんきん した とても たかい こえ。

かなしい

ともだちが とおくへ いくので かなしい。

つらい ことが あって なきたい きもちに なる ようす。

↕ うれしい

かなしむ

ねこが しんで かなしむ。

つらくて なきたい きもちに なる。

↕ よろこぶ

かなづち

かなづちで くぎを うつ。

くぎを うつ ときに つかう どうぐ。

かなでる

バイオリンが うつくしい おんがくを かなでる。

がっきで きれいな おとを ならす。

かなぼう

おにに かなぼう。

てつの ふとい ぼう。

かならず

3じに かならず きてねと やくそく する。

どんな ことが あっても。

かね → おかね

おてらの かねが ごおんと なる。

おとを ならす きんぞくの どうぐ。

かに

かには よこに あるく。

かたい こうらを もつ みずべに いきる いきもの。

かばう

おとうとを いぬから かばう。

よわい ひとを ほかから まもる。

かばん

ほんを かばんに いれる。

にもつを いれて もって あるく ための、ぬのや かわで できた いれもの。

かび

パンに かびが はえる。

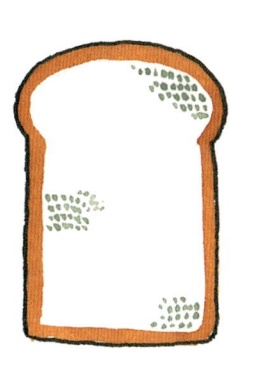

たべものが ふるく なった ときに つく ちいさな いきもの。

かびん

かびんに はなを さす。

はなを かざる ための びん。

かぶせる

あかちゃんに ふとんを かぶせる。

うえから つつむように のせる。

か

かぶる
ぼうしを かぶる。

あたまを おおうように のせる。

がまん
じぶんの ばんが くるまで がまん する。

じぶんの おもった とおりに ならなくても そのまま がんばる。

かみ
かみに えを かく。

えや じを かいたり ものを つつんだり する、うすく ひらたい もの。

かみ
ながい かみ。

あたまに はえる け。

かみさま
かみさまに いのる。

ひとを まもったり ねがいを かなえたり する、おおきな ちからを もっと おもわれて いる もの。

かみなり
きに かみなりが おちる。

くもと くもの あいだで ごろごろ なったり、ぴかっと ひかったり する もの。

かむ
はなを かむ。

はなみずを そとに だす。

かむ
よく かんで たべる。

はと はで はさんで ものを ちいさく する。

かゆい
むしに さされた ところが かゆい。

むずむず して かきたく なるような かんじ。

かよう
まいにち ようちえんに かよう。

おなじ ところに いつも いく。

から
びんが からに なる。

なかに なにも はいって いない こと。

から
くるみの から。

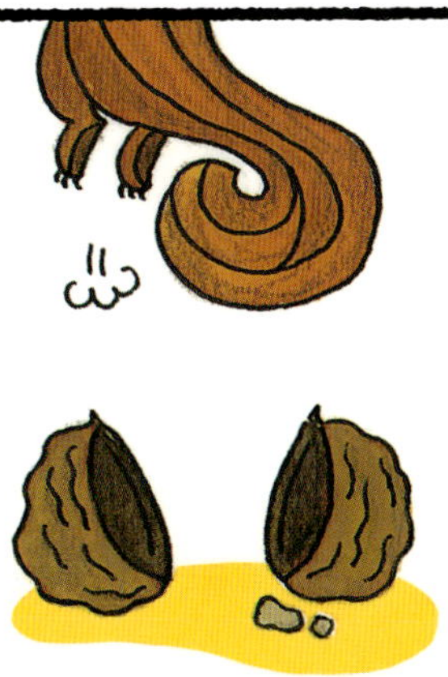

なかの ものを まもる そとがわの かわ。

からい
からい カレー。

したが ぴりぴり するような あじが する ようす。

↕ あまい

からかう
いぬを からかう。

あいてが こまる ことを わざと して おもしろがる。

がらくた
はこに いっぱい はいった がらくた。

つかえなくて いらなく なった もの。

ガラス
ガラスの コップが われる。

まどや コップに つかわれる、すきとおった かたい もの。

からだ
→ 103ページ

あたま
HEAD
ヘッド

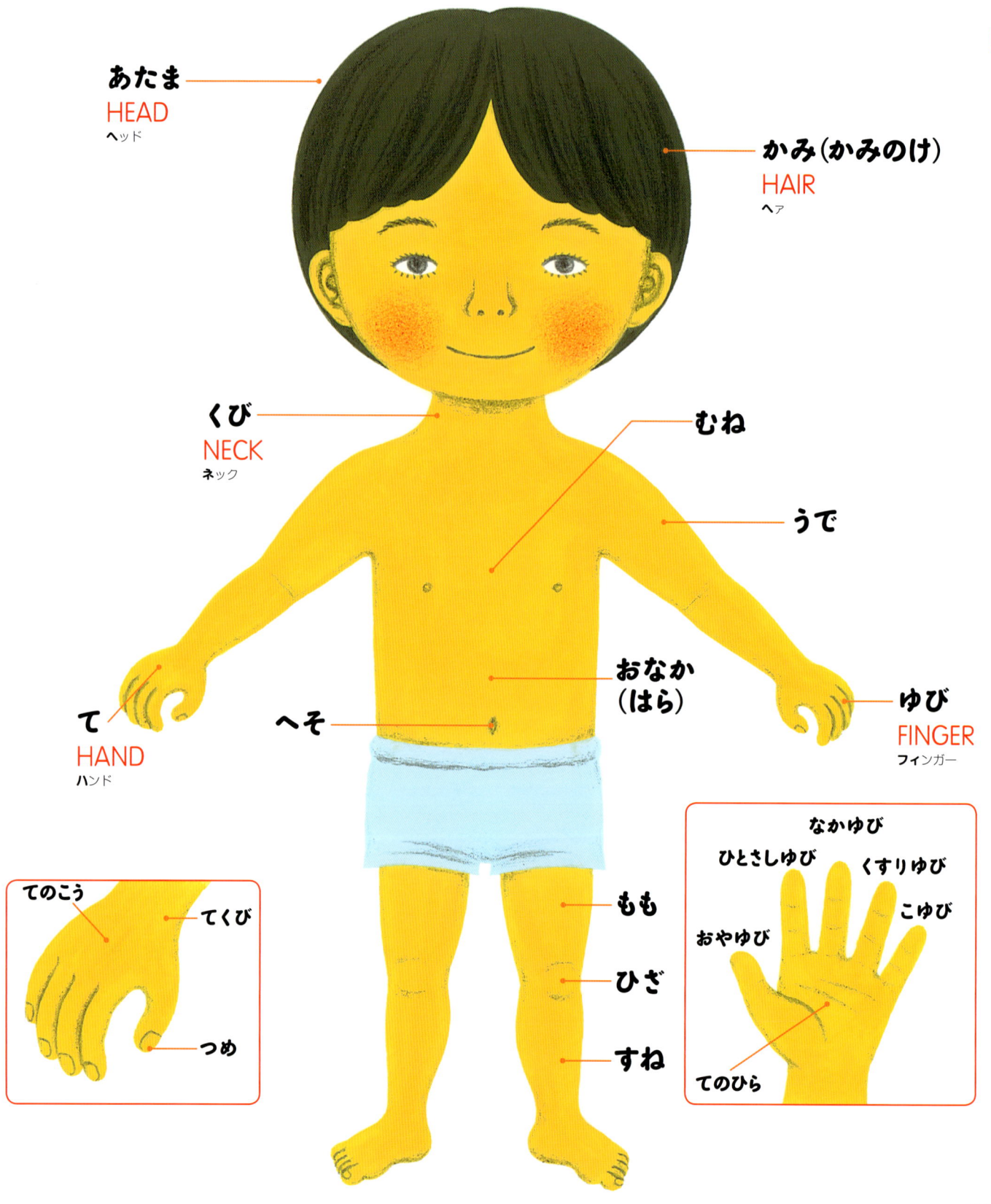

かみ（かみのけ）
HAIR
ヘア

くび
NECK
ネック

むね

うで

おなか（はら）

へそ

ゆび
FINGER
フィンガー

て
HAND
ハンド

もも

ひざ

すね

てのこう
てくび
つめ

なかゆび
ひとさしゆび　くすりゆび
おやゆび　こゆび
てのひら

からだ

● あたまから あしまで ぜんぶを まとめて いう ことば。

- つむじ
- うなじ
- わき
- ひじ
- かた SHOULDER ショウルダー
- せなか BACK バァック
- こし
- みぎて
- ひだりて
- おしり
- あしのこう
- くるぶし
- かかと
- あしのうら
- あしくび
- つちふまず
- あし LEG レッグ
- ふくらはぎ
- つまさき TOES トゥズ

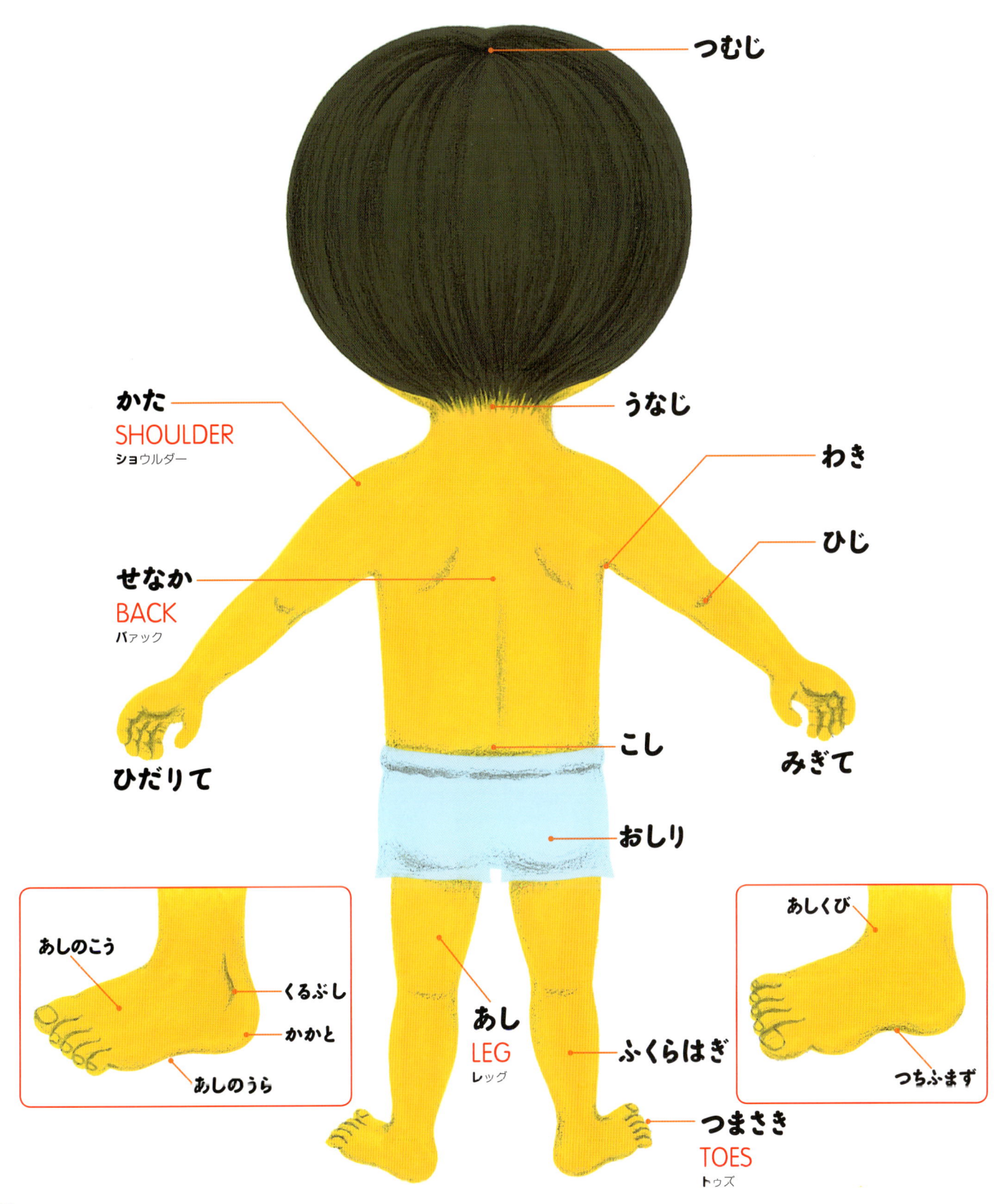

か

からまる
けいとが からまる。 
おたがいに まきついて はなれなく なる。

かり
いぬを つれて かりに いく。 
とりや どうぶつを もりや のはらで つかまえる こと。

かりる （かりうど→りょうし）
せんせいに かさを かりる。 
かえす やくそくで ひとの ものを つかわせて もらう。
↕ かす

かる
しばふを かる。 
みじかく きる。

かるい
ふうせんは かるい。 
もつ ために あまり ちからが いらない ようす。
↕ おもい

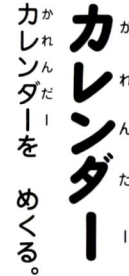

かるがる
おとうさんが かるがると はこを もちあげる。 
とても かるそうな ようす。

かれる
はなが かれる。 
くさや きが からからに なって、いろが かわって しまう。

カレンダー
カレンダーを めくる。 
きょうが なんがつ なんにちか しらべる ための もの。

かわ

ももが かわを ながれる。

みずが うみに むかって ながれて いる ところ。

かわ

みかんの かわを むく。

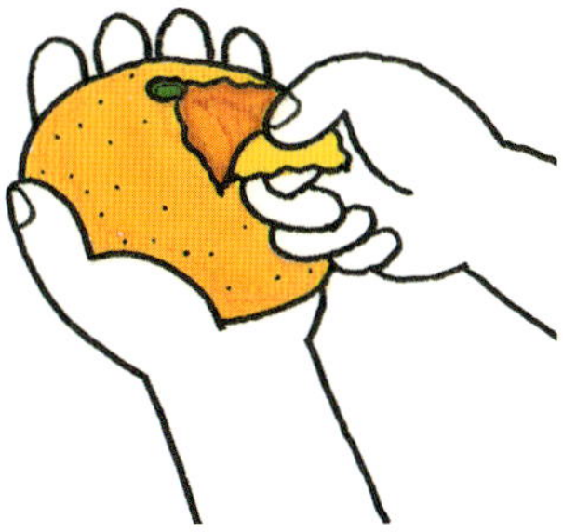

どうぶつや しょくぶつの そとがわに ある うすい もの。

かわいい

かわいい こいぬ。

みて いると やさしい きもちに させられる ようす。

かわいがる

おとうとを かわいがる。

だいじに おもい、やさしく する。

かわいそう

かわいそうな こいぬ。

つらいだろうなと おもわせる ようす。

かわかす

ぬれた かみを かわかす。

ぬれて いる ものの みずを とる。

かわく

のどが かわく。

のどが からからに なって みずが のみたく なる。

かわく

あらった ものが かわく。

ものが からからに なって みずが なくなる。

か

かわり
おかあさんの かわりに おつかいに いく。

ある ひとが する はずだった ことを、ちがう ひとが する こと。

かわる
1ばんの せんしゅが 2ばんの せんしゅと かわる。

ある ひとが いなく なった ところに べつの ひとが くる。

かわる
ゆきが ふって けしきが かわる。

まえと ちがう ようすに なる。

かん
かんに はいった みかん。

たべものや のみものを いれる きんぞくの いれもの。

かんがえこむ
こたえが わからなくて かんがえこむ。

ある ことに ついて、とても たくさん かんがえる。

かんがえる
なにを かこうか かんがえる。

あたまを よく はたらかせる。

かんけい
わたしと おかあさんの かんけいは おやこです。

ひとや ものの つながり。

かんげい

がいこくの おうさまを かんげい する。

よろこんで むかえる こと。

がんこ

おとうとは がんこだ。

ひとに なにを いわれても じぶんの きもちを かえない ようす。

かんごしさん

かんごしさんが ほうたいを まく。

おいしゃさんと いっしょに、けがを した ひとや びょうきの ひとの せわを する ひと。

かんさつ

むしを かんさつ して えを かく。

ものの すがたや うごきを よく みる こと。

かんじ

うさぎを さわった かんじは どうですか。

なにかを した ときに こころに うかぶ きもち。

かんじ
→108ページ

かんしゃ

みちを おしえて ひとに かんしゃ する。

やって もらった ことに ありがとうと おもう きもち。

かんじる

おなかに いたみを かんじますか。

あつさ、いたみ、におい、あじ、おとなどが わかる。

かんじ

にほんや ちゅうごくで つかう もじ。

やま
山

ひ
日

き
木

ひ
火

かわ
川

かんしん

この いぬは かんしんな いぬだ。

りっぱだと おもう こと。

かんせい

あたらしい いえが かんせい した。

すっかり できあがる こと。

かんたん

この パズルは かんたんだ。

すぐに できる ようす。

かんぱい

みんなで かんぱい する。

うれしい ことが あった とき、みんなで コップを たかく あげてから のむ こと。

かんでんち → でんち

がんばる

さいごまで がんばる。

つらい おもいを しても やめないで つづけて やる。

かんばん

ビルの うえの おおきな かんばん。

みせの なまえや おしらせを おおきく かいた もの。

かんびょう

おとうさんが おかあさんの かんびょうを する。

びょうきの ひとの せわ。

かんむり

おうさまの かんむり。

えらい ひとの あたまに のせる かざり。

キ　き

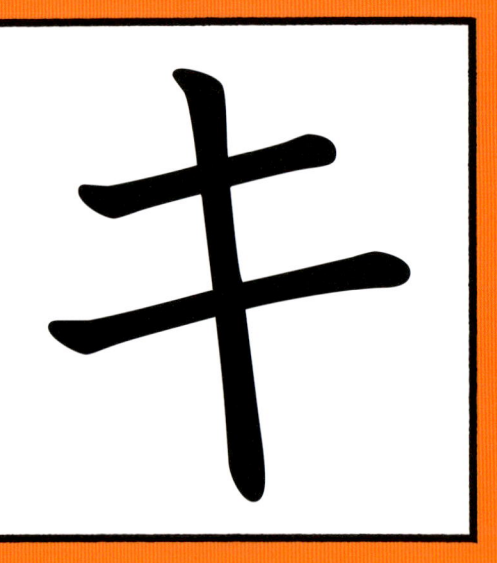

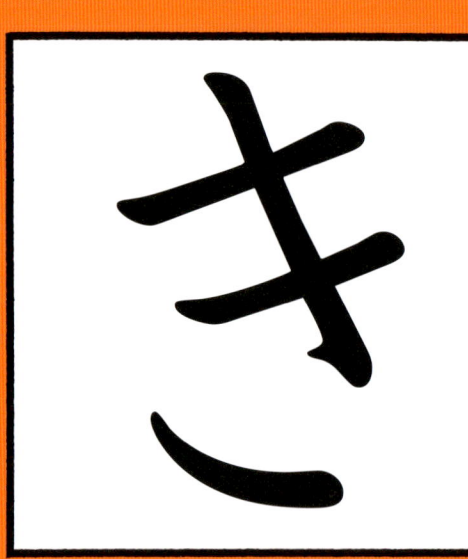

き → 111ページ

きいろ
しんごうが　きいろに　なる。

→ **いろ**

きいろい
バナナは　きいろい。

たまごの　きみの　いろ。

たまごの　きみのような　いろを　している。

きえる
にじが　きえる。

みえて　いた　ものが　なくなる。

きおく
ここには　まえに　きた　きおくが　ある。

おぼえて　いる　こと。

き

● かたい みきが ある しょくぶつ。

さくら

もみじ

まつ

いちょう

やなぎ

きかい
きかいが どんどん おかしを つくる。

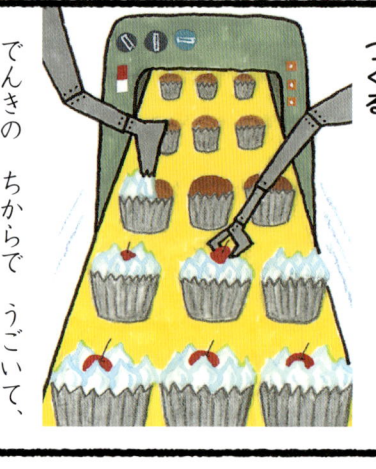

でんきの ちからで うごいて、ひとの かわりに しごとを する どうぐ。

きがえる
パジャマに きがえる。

きて いる ふくを ぬいで、べつの ふくを きる。

きかざる
むすめたちが きれいに きかざる。

いい ふくを きて、みた かんじを よく する。

きがつく
まちがえた ことに きがつく。

じぶんで なにかが あると わかる。

きがる
だれにでも きがるに はなしかける。

むずかしく かんがえないで なにかを する ようす。

きかんぼう
おとうとは きかんぼうだ。

ひとの いう ことを きくのが きらいな こども。

ききかえす
しつもんを ききかえす。

きこえなかった ことを もう いちど きく。

ききつける
なきごえを ききつけて たすけに いく。

おとや こえが きこえて、なんだろうと おもう。

きく
かぜに よく きく くすり。 
びょうきを なおす ちからが ある。

きく
とりの なきごえを きく。 
おとを みみで かんじる。

きく
なまえを きく。 
わからない ことを おしえて もらおうと する。

きけん
こうじを して いる ところは きけんだ。 
あぶない こと。

きげん
あかちゃんの きげんが わるい。
かおや たいどで わかる こころの ようす。

きごう
てんきの きごう。 
ある ことを ひとに つたえる ための しるし。

きこえる
となりの へやから おんがくが きこえる。 
おとが みみに はいって くる。

きざむ
たまねぎを きざむ。 
きって、とても ちいさく する。

きし
ふねを きしに つける。

うみや かわに つながる りくの ぶぶん。

きしむ
あるくと ゆかが きしむ。

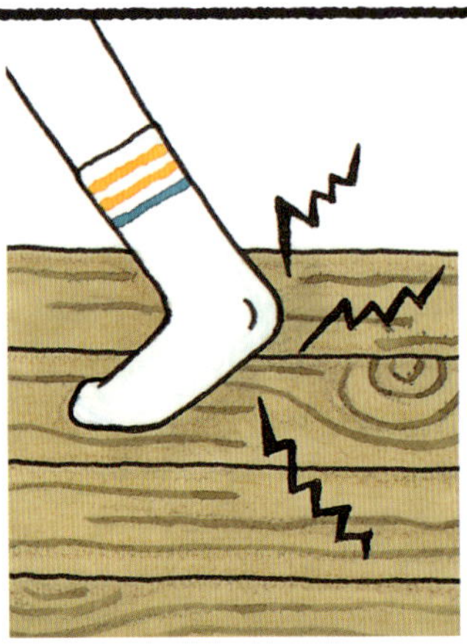

ぎしぎしと おとが する。

きしゃ
きしゃが けむりを あげて はしる。

せんろの うえを はしる れっしゃ。

キス
だいすきな ぬいぐるみに キスを する。

くちびるを あいての くちびるや ほおに ちゅっと つける こと。

きず
きずに ばんそうこうを はる。

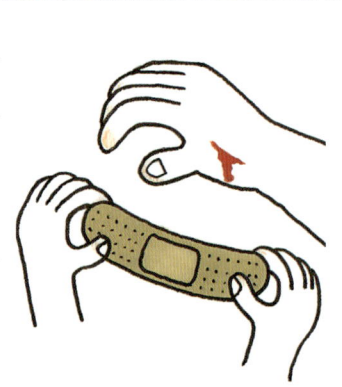

ちが でたり はれたり して、いたい ところ。

きずつく
きずついた とりを たすける。

けがを する。

きそく
ようちえんの きそくを まもる。

まもらなければ いけない やくそく。

きせつ
↓
115ページ

きた
きたの へやは さむい。

たいようが のぼる むきに むかって、ひだりの ほう。

↓
ほうがく

きせつ

● 1ねんを はる、なつ、あき、ふゆの 4つに わけた もの。

はる　なつ
ふゆ　あき

き

きたかぜ
つめたい きたかぜが ふく。

きたから ふく かぜ。

きたない
どろが ついて きたない。

よごれて いる ようす。

↕ きれい

きちょうめん
おにいさんは きちょうめんだ。

なんでも きちんと して いる ようす。

きちんと
ぬいだ ふくを きちんと たたむ。

きれいに そろって いる ようす。

きつい
ふとって ズボンが きつい。

とても ちいさくて くるしい ようす。

↕ ゆるい

きって
ふうとうに きってを はる。

はがきや ふうとうを ゆうびんで おくる ときに はる、ちいさな かみ。

きっと
きっと あしたは はれるね。

ぜったいに そうだと おもう ようす。

きっぷ
でんしゃの きっぷを かう。

のりものに のったり ゆうえんちに はいったり する ために かう、ちいさな かみ。

きどる
きどって あるく。 
かっこよく みせようと する。

きにいる
あかちゃんが おもちゃを きにいる。 
これは いいと おもう。

きね
きねと うす。
もちを つくのに つかう きの ぼう。

きねん
こどもが うまれた きねんに きを うえる。 
おもいでの ために のこして おく こと。

きのう
きのう どうぶつえんに いった。  
きょうの まえの ひ。

きのどく
じこに あって きのどくな ひと。
かわいそうに おもう ようす。

きのこ
やまで きのこを とる。 
きに はえる、かさのような かたちを した しょくぶつ。

きのぼり
きのぼりが とくいな こ。 
きに のぼる こと。

きば
きばの ある どうぶつ。 
にくを たべる ための とがった は。

きびしい
わたしの バレエ(ばれえ)の せんせいは きびしい。 
まちがいや しっぱいが すこしも ないように させる ようす。

きぶん
のりものに のって きぶんが わるく なる。 
なんとなく かんじる からだや こころの ようす。

きまる
おひめさまの やくが きまる。 
これから どう なるか はっきり する。

きみ
きみと ぼくは なかよしだね。 
めの まえの ともだちを よぶ ことば。

きみがわるい
くらい みちは きみがわるい。 
こわくて なんとなく いやな かんじが する ようす。

きめる
なにを して あそぶか きめる。 
これから どう するか はっきり させる。

きもち
そらが はれて きもちが いい。 
こころの ようす。

きもの
しちごさんに きものを きる。

むかしから ある にほんの ふく。

きもをつぶす
おばけを みて きもをつぶす。

すごく びっくり する。

ぎゃく
トマトは ぎゃくに よんでも トマトだ。

ほうこうが はんたいの こと。

きゅう
あめが きゅうに ふる。

かんがえる じかんが ないくらい すぐ。

きゅうきゅうしゃ
きゅうきゅうしゃが けがにんを はこぶ。

けがを した ひとや びょうきに なった ひとを、びょういんに いそいで はこぶ くるま。

きゅうくつ
この いすは きゅうくつだ。

せまかったり ちいさかったり して、うごきにくい ようす。

きゅうけい
3じに きゅうけいを する。

しごとや べんきょうの あいだの やすみ。

きよう
おとうさんは きようだ。

てや ゆびを つかって、ものを じょうずに つくれる こと。

きょう
きょうは ぼくの たんじょうび。いま すごして いる この ひ。

きょうしつ
きょうしつで せんせいの はなしを きく。がっこうで べんきょうを する へや。

きょうだい
きょうだいが たくさん いる。おなじ おやから うまれた こどもたち。

きょうりゅう
とても おおきな きょうりゅうだ。おおむかしの ちきゅうに いた どうぶつ。

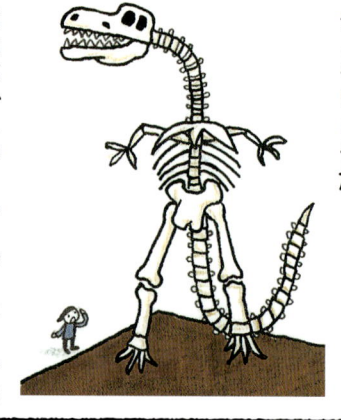

きょうそう
どっちが たかく つめるか きょうそう する。どっちが かつか たたかう こと。

ぎょうじ
10がつは ぎょうじが おおい。ようちえんや がっこうで、いつも きまった ときに する いろいろな こと。

ぎょうぎ → おぎょうぎ

→ いちねん

ぎょうれつ
いつも ぎょうれつの できる おみせ。たくさんの ひとが じゅんばんに ならんで できる れつ。

きょねん
きょねん はいた くつが きつく なる。

ことしの まえの とし。

きらい
ぼくは しいたけが きらいだ。

いやだと おもう ようす。

↕ すき

きらめく
そらに ほしが きらめく。

きらきら ひかり かがやく。

きり
きりが でて まえが みえない。

とても ちいさな みずの つぶが、いっぱい うかんで けむりのように みえる もの。

きりかぶ
きりかぶに こしかける。

きを きった あとに じめんに のこった ぶぶん。

きりぬく
はさみで えを きりぬく。

ほしい ところだけ きって とる。

きる
ほうちょうで きゅうりを きる。

どうぐを つかって、ものを わけたり きずを つけたり する。

きる
ふくを きる。

からだに つける。

きれ
ちいさな きれを あつめて ふくろを つくる。

きって ある ぬの。

きれる
さかなつりの いとが きれる。

ひとつの ものや つながって いた ものが わかれる。

きれい
てを きれいに あらう。

よごれた ところが ない ようす。

↕ **きたない**

きをつける
くるまに きをつけて どうろを わたる。

あぶなく ないか よく みる。

きんし
この こうえんでは やきゅうは きんしだ。

しては いけない こと。

きんじょ
きんじょに ともだちが すんで いる。

じぶんの いえの ちかく。

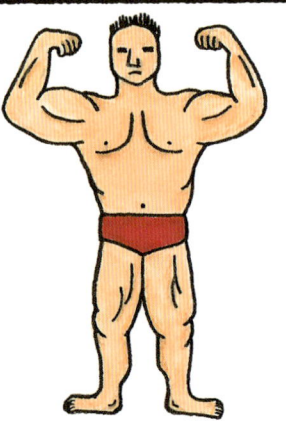

きんちょう
きんちょう して おどりを まちがえる。

しんぞうが どきどき して、からだが うまく うごかない かんじが する こと。

きんにく
きんにくが たくさん ついて いる ひと。

からだの ほねと ほねを つないで、うんどう するのに つかう ところ。

ク く

ぐあい
おなかの ぐあいは どうですか。

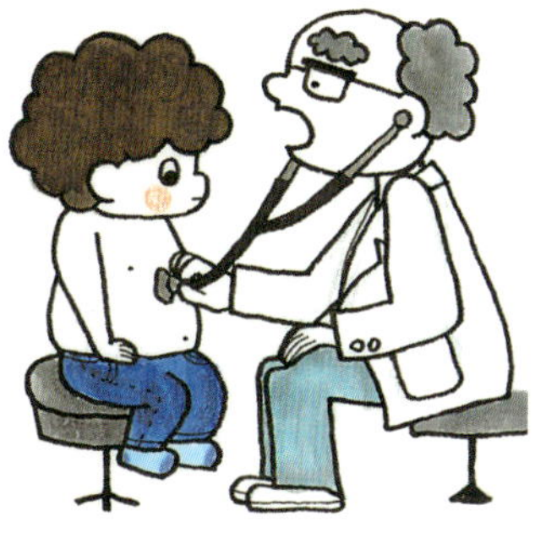

わるい ところが ないか どうかの ようす。

くい
くいに いぬを つなぐ。

じめんに ささるように うって たてて おく ぼう。

クイズ
おとうとに クイズを だす。

もんだいを だして、それに こたえて もらう あそび。

くうき
くうきを たくさん すう。

にんげんや どうぶつが いきる ために いつも すって いる、とうめいで みえない もの。

くうこう

くうこうに ひこうきを みに いく。

ひこうきが とんだり おりたり する ところ。

くうちゅう

まほうの じゅうたんが くうちゅうに うかぶ。

じめんから はなれた ずっと うえの ほう。

くぎ

いたに くぎを うつ。

さきの とがった ちいさな てつの ぼう。

くぐる

イルカが わを くぐる。

からだを まげて ものの したや なかを とおる。

ぐうぜん

ぐうぜん おなじ ふくを きて いた。

そう なると おもって いなかったのに。

くき

チューリップの くきは ながい。

しょくぶつで、はなや はが ついて いる ほそながい ところ。

くくる

しんぶんしを ひもで くくる。

ひもを まいて しばる。

くさ

にわの くさを ぬく。

くきが やわらかくて きのように おおきく ならない しょくぶつ。

く

くさい
ごみが くさい。 
いやな においが する。

くさる
りんごが くさる。 
たべものが ふるく なって たべられなく なる。

くし
くしに ささった だんご。 
たべものを さす、さきの とがった ぼう。

くし
くしで かみを とかす。 
かみを なでて きちんと する ための どうぐ。

くじ
くじを ひく。   
たくさん ある なかから ひとつを えらんで、あたりと はずれを きめる もの。

くじく
ころんで あしを くじく。 
てや あしを ねじって、いたく する。

くしゃみ
はくしょんと くしゃみを する。  
はなが むずむず して、きゅうに おおきな いきが でる こと。

くすぐったい
あしの うらを さわられると くすぐったい。 
むずむず して わらいたく なる かんじが する ようす。

くすぐる
ゆびで わきの したを くすぐる。

そっと さわって くすぐったく なるように する。

くずす
つみきの いえを くずす。

まとまって いた ものを ばらばらに する。

くすり
びょういんで くすりを もらう。

びょうきや けがを なおす ために のんだり つけたり する もの。

くずれる
たいふうで がけが くずれる。

かたちが こわれたり ばらばらに なったり する。

くせ
つめを かむ くせが ある。

きが つかないで いつも やって しまう こと。

くだく
おおきな こおりを くだく。

かたまりを こわして ちいさな かけらを つくる。

くだける
びんが くだける。

こわれて たくさんの ちいさな かけらに なる。

くたびれる
たくさん あるいて くたびれる。

つかれて げんきが なくなる。

くだもの → 129ページ

くだる
さかを くだる。 
ひくい ほうへ いく。
⇅ のぼる

くちぐち
くちぐちに えを ほめる。 
たくさんの ひとが いちどに べつべつに しゃべる こと。

くちずさむ
あるきながら うたを くちずさむ。 
こころに うかんだ うたを、ちいさい こえで うたう。

くちばし
くちばしで えさを つつく。 
かたくて ながく とびでた とりの くち。

くつ
くつを はく。 
あしの さき ぜんぶを おおう はきもの。

くつした
くつしたを ぬいで はだしに なる。 
くつを はく ときや さむい ときに あしに はく もの。

ぐっすり
あかちゃんが ぐっすり ねむる。 
よく ねむる ようす。

ぐったり
かいものの あとは ぐったりと つかれる。 
からだが よわって ちからが はいらない ようす。

あきから ふゆに みのる

なし PEAR ペア

ぶどう GRAPES グレイプス

かき

みかん

くり

りんご APPLE アプル

いろいろな くだもの

キウイ(きうい)

バナナ(ばなな)

メロン(めろん)

グレープフルーツ(ぐれーぷふるーつ)

パイナップル(ぱいなっぷる)

レモン(れもん)

128

くだもの ●たべられる　きや　くさの　み。

はるに　みのる

いちご
STRAWBERRY
ストロベリ

さくらんぼ
CHERRY
チェリ

なつに　みのる

もも
PEACH
ピーチ

びわ

すいか
WATERMELON
ウォータメラン

129

くっつく
ごはんつぶが ほおに くっつく。

ぴったりと つく。

くっつける
いすと いすを くっつける。

ぴったりと つける。

くに
せかいには いろんな くにが ある。

にほん、ちゅうごくなど、アメリカ、せかいの なかに ある ひとつひとつの まとまり。

くばる
せんせいが おやつを くばる。

きまった ぶんを わたす。

くびかざり
たんぽぽで くびかざりを つくる。

くびに つける かざり。

くふう
ねぼう しないように くふう する。

よい やりかたを いろいろと かんがえて やって みる こと。

くべる
ひに たきぎを くべる。

ものを ひの なかに いれて もやす。

くぼむ
みちが くぼんで みずたまりが できる。

そこだけが まわりより ひくく なる。

くみ
ふたつの くみに わかれる。

いっしょに なにかを する ひとの あつまり。

くみあわせる
つみきを くみあわせる。

いくつかの ものを あわせて ひとつに みえるように する。

くみたてる
ほんだなを くみたてる。

いろいろな ものを あわせて ひとつの ものを つくる。

くむ
うでを くむ。

かさねて まきつくように する。

くむ
かわの みずを くむ。

みずなどを すくって とる。

くも
そらに くもが うかぶ。

みずの つぶが あつまって そらに うかんで いる もの。

くも
くもが すを つくる。

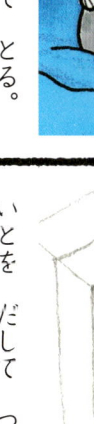

いとを だして つくった あみで むしを つかまえる いきもの。

くもり
きょうの てんきは くもりだ。

たいようが くもに かくれて あおい そらが みえない こと。

くもる

くもる
そらが くもる。

そらが くもで いっぱいに なる。

くもる
かがみが ゆげで くもる。

ガラスに よごれや みずが ついて よく みえなく なる。

くやしい
じゃんけんに まけて くやしい。

すぐに あきらめられない くらい ざんねんな ようす。

くらい
くらい みちを あるく。

ひかりが すくなくて、ものが よく みえない ようす。

↕ あかるい

くらげ
くらげが うみに うかぶ。

うみに ぷかぷかと うかぶ とうめいな いきもの。

くらす
みんなで げんきに くらす。

まいにちを すごす。

くらべる
どちらが おおきいか くらべる。

ならべて ちがいを みつける。

くらむ
くるまの ひかりに めが くらむ。

つよい ひかりに あたって ちょっとの あいだ めが みえなく なる。

くらやみ

トンネルの なかは くらやみだ。

くらくて なにも みえない ところ。

くりかえす

くりかえし れんしゅう する。

なんども おなじ ことを する。

くる

ともだちが いえに くる。

むこうから じぶんの ほうに ちかづく。

⇅ いく

くるしい

たべすぎて おなかが くるしい。

いきが しにくかったり からだが いたかったり して がまん できない ようす。

くるま

おとうさんが くるまを うんてん する。

タイヤが まわって はしる のりもの。

くるまる

もうふに くるまる。

やわらかい ものに つつまれる。

くるむ

あかちゃんを もうふで くるむ。

よくようにして まわりを ぐるりと つつむ。

くれる

ひが くれる。

たいようが しずんで そらが くらく なる。

⇅ あける

く

くれる
となりの おじさんが かきを くれる。

ひとが じぶんに ものを あたえる。

くろい
しかくを くろい えんぴつで ぬる。

からすのような いろを して いる ようす。

グローブ
グローブを はめる。

やきゅうで、ボールを つかむ かわの てぶくろ。

くわえる
ねこが さかなを くわえる。

くちびるや はで はさむ。

くろ
くろと しろの もようの いぬ。

からすのような いろ。
→ いろ

くろう
くろうを して いぬごやを つくる。

つらいと おもっても いっしょうけんめい する こと。

くわえる
なべに しおを くわえる。

ほかの ものを たして いっしょに する。

くわしい
おとうさんは とりに くわしい。

ある ことを とても よく しって いる ようす。

ケ　け

け
ひつじの けを かる。

けいかく
なつやすみの けいかくを たてる。
なにかを する まえに どんな ふうに したら いいか かんがえる こと。

け
どうぶつや にんげんの からだに はえる ほそい いとの ような もの。

けいさつ
けいさつの まえに パトカーが とまる。
みんなが あんしん して くらせるように まもって くれる ところ。

けいさつかん
→ **おまわりさん**

けいと
けいとを あむ。
ひつじの けを いとに した もの。

け

けが
ゆびに けがを する。

ぶつけたり きったり して からだの どこかを いたく する こと。

けがわ
けがわの マフラー。

けがが ついた どうぶつの かわ。

げき
はっぴょうかいで げきを する。

おはなしに かかれて いる ことを ぶたいの うえで する こと。

けしかける
どろぼうに いぬを けしかける。

こえを かけて、あいてに むかって いくように する。

けしき
ちょうじょうから みる けしきは すばらしい。

うみや やまなど、ひろい ところの みえる ようす。

けす
あかりを けす。

ひかりや ひを なくす。

けす
けしゴムで じを けす。

みえなく する。

けずる
ナイフで えんぴつを けずる。

ものの おもての ぶぶんを うすく とる。

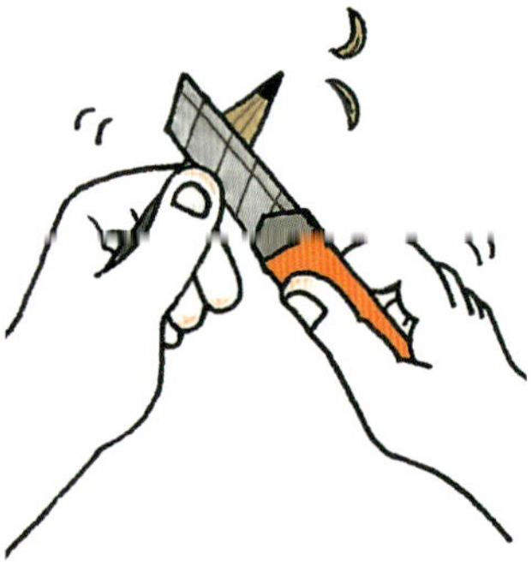

りんご

136

け

げた
げたを はく。

きの いたで つくった にほんの はきもの。

けたたましい
とけいの ベルが けたたましい。

おおきな おとが きゅうに して、みみが いたく なるような かんじ。

けち
おかしを わけて くれないなんて けちだ。

おかねや ものを つかわないように する ひと。

けっこん
おとうさんと おかあさんの けっこんの しゃしん。

おとこの ひとと おんなの ひとが かぞくに なる こと。

けっして
けっして なかを のぞかないで ください。

なにが あっても。

けっしん
こねこを たすけようと けっしん する。

ある ことを しようと つよい きもちで きめる こと。

けっせき
かぜで ようちえんを けっせき する。

ぎょうじを やすんだり ようちえんに いかなかったり する こと。

↕ しゅっせき

けとばす
ふとんを けとばす。

あしで つよく けって うごかす。

け

けはい
ひとの けはいが する。

なんとなく かんじる ものの ようす。

けむし
けむしが はう。

ちょうや がの こどもで、けが いっぱい はえた むし。

けむい
へやが けむい。

けむりが めや はなに はいって くるしく かんじる ようす。

けむり
えんとつから けむりが のぼる。

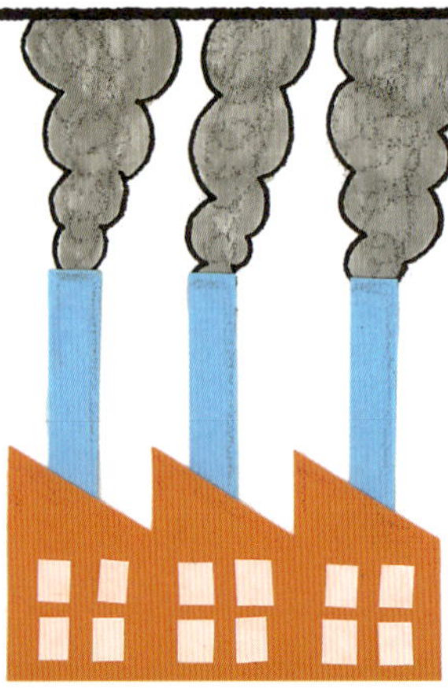

ものが もえる ときに もやもやと のぼる もの。

けむる
たきびが けむる。

けむりが まわりに ひろがる。

けもの
もりで けものに であう。

からだに けが はえて いて 4ほん（よん）の あしで あるく どうぶつ。

けらい
けらいを つれて あるく。

しゅじんの ために はたらく ひと。

ける
ボール（ぼーる）を ける。

あしの さきを ものに つよく あてる。

け

けわしい
けわしい やま。

さかが とても ななめに なって いて、のぼるのが むずかしい ようす。

けん
けんで たたかう。

てきと たたかう ために きったり つっいたり する どうぐ。

けんか
おとうとと けんかを する。

おたがいに あいての わるくちを いったり たたいたり する こと。

けんがく
ぼくじょうを けんがく する。

どこかに いって、みたり しらべたり する こと。

げんき
せんせいに げんき よく あいさつ する。

からだに わるい ところが なく、ちから いっぱい うごける ようす。

げんこつ
げんこつを つくる。

ぎゅっと にぎった て。

けんさ
はの けんさを する。

わるい ところが ないか どうか しらべる こと。

けんぶつ
はなびを けんぶつ する。

ゆうめいな ばしょや おもしろい ものを みて たのしむ こと。

コ　こ

こい
こい あかの マフラー。

いろが はっきりと よく わかる ようす。

↕ **うすい**

こいしい
あたたかい へやが こいしい。

そばに ないのに あって ほしいと おもう ようす。

こうえん → 141ページ

こうかい
とおい しまに こうかいに でる。

ふねで うみを わたる こと。

こうかん
でんきゅうを こうかん する。

ものと ものとを とりかえる こと。

140

こうえん ●あそんだり さんぽを したり する ための ばしょ。

ぶらんこ
SWING
スウィング

てつぼう

ベンチ

うんてい

すなば

すべりだい
SLIDE
スライド

みずのみば

ジャングルジム

141

こ

こうさく
かみコップを つかって こうさく する。

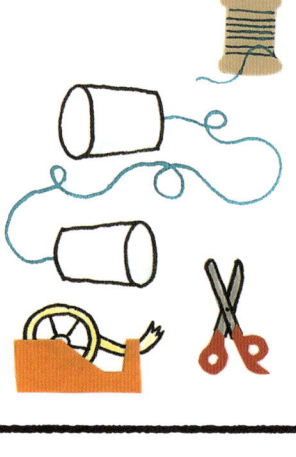

かんたんな どうぐを つかって ものを つくる こと。

こうさん
おには ももたろうに こうさん した。

まけて あいての いう ことを きく こと。

こうじょう
パンを つくる こうじょう。

きかいを つかって おおくの ひとが ものを つくる ところ。

こうたい
こうたいで ぶらんこに のる。

さきに して いた ひとに かわって べつの ひとが する こと。

こうさてん
こうさてんを みぎに まがる。

みちと みちが であう ところ。

こうじ
この みちは こうじを して いて とおれない。

いえや みちを なおしたり つくったり する しごと。

こうしん
うんどうかいで こうしん する。

たくさんの ひとが れつを つくって すすむ こと。

こうのとり
こうのとりは あかちゃんを はこんで くると いわれて いる。

くちばしと あしの ながい、つるに にた とり。

こうばん

こうばんに おとしものを とどける。

まちに ある、おまわりさんが いる たてもの。

こうら

かめの こうら。

かめや かになどの そとがわに ついて いる かたい から。

こえ

おおきな こえで うたう。

ひとや どうぶつが のどから だす おと。

こえる

よく こえた ぶた。

からだが ふとる。

こえる

はしを わたって かわを こえる。

うえを とおって むこうがわに いく。

こおり

こおりの はいった ジュース。

みずが ひえて かたまった もの。

こおる

いけの みずが こおる。

みずが ひえて かたまる。

ゴール

ゴールを めざして はしる。

かけっこで、なんばんめに ついたかが きまる さいごの ところ。

こ

こがす
アイロンを かけて いて ハンカチを こがす。
やいて くろく する。

こがらし
こがらしが ふく。
ふゆの はじめに ふく つめたい かぜ。

ごきげん
かたぐるまを して もらって ごきげんだ。
うれしくて にこにこ して いる ようす。

こぐ
ボートを こぐ。
てや あしの ちからを つかって ふねや じてんしゃを すすめる。

こげる
さかなが こげる。
やけて くろく なる。

ごご
ごご 3じに いえに かえる。
おひるの 12じより あとの くらく なるまでの じかん。

こごえる
さむくて からだが こごえる。
さむさで からだが うごかなく なる。

こごと
おかあさんが こごとを いう。
おこって ぶつぶつ いう こと。

こころ

やさしい こころを もつ。

いろいろな ことを かんじる きもち。

こころぼそい

よる ひとりで トイレに いくのは こころぼそい。

たよる ひとが いなくて しんぱいな ようす。

こしかける

ベンチに こしかける。

ものの うえに すわる。

こしょう

くるまが こしょう する。

きかいの ぐあいが わるく なる こと。

こしらえる

おかあさんが カレーを こしらえる。

ていねいに つくる。

こすりつける

てに せっけんを こすりつける。

ちからを いれて こすって つける。

こする

よごれた ところを ぞうきんで こする。

ものを なにかに つよく あてて なんども うごかす。

ごぜん

ごぜん 8じに いえを でる。

あかるく なってから おひるの 12じまでの じかん。

こ

こたえる
なまえを よばれたら はいと こたえる。

へんじを する。

こたつ
こたつで いねむりを する。

つくえに ふとんを かけて あたたまる どうぐ。

こだま → やまびこ

ごちそう
ごちそうが テーブルに ならぶ。

とくべつ りっぱな おいしい りょうり。

コック
コックさんが りょうりを つくる。

りょうりを つくる しごとを する ひと。

こっけい
こっけいな かっこうを した おとうさん。

わらって しまうような おかしい ようす。

こっそり
まどから こっそり しのびこむ。

みつからないように なにかを する ようす。

こづつみ
ゆうびんやさんが こづつみを とどける。

ゆうびんやさんが はこぶ ちいさい にもつ。

146

ことし

ことしの ふゆは ゆきが たくさん ふる。

いま すごして いる とし。

ことば

にんげんは ことばを はなす。

ひとに つたえたい ことを じゃ こえに した もの。

こども

むかしは おかあさんも こども だった。

からだが ちいさくて、こころも まだ そだって いない ひと。

↕ **おとな**

ことり

きの えだに ことりが とまる。

ちいさい とり。

ことわる

あそびの さそいを ことわる。

たのまれたり さそわれたり した ことに いいえと こたえる。

こな

スパゲッティに チーズの こなを かける。

こまかい つぶが あつまった もの。

こねる

どろを こねる。

こなや つちに みずを まぜて ねる。

ごはん

ごはんを おかわり する。

こめを たいた もの。

こ

こぶ
あたまを ぶつけて こぶが できた。

からだの ある ところが ふくらんだ もの。

ごほうび
おてつだいを した ごほうびを もらう。

がんばった ことを ほめて わたす プレゼント。

こぼす
ふくに ジュースを こぼす。

なかに はいって いる みずや ものを そとに おとす。

こぼれる
バケツの みずが ゆかに こぼれる。

なかに はいって いる みずや ものが そとに でる。

こま
こまを まわす。

てや ひもで まわして あそぶ おもちゃ。

ごま
ごはんに ごまを かける。

くろや しろの とても ちいさい、たべられる たね。

こまかい
つぶの こまかい すな。

ひとつ ひとつが とても ちいさい ようす。

ごまかす
おならを したのを ごまかす。

ほんとうの ことを かくそうと する。

こまる
ハンカチが なくて こまる。 
どうしたら よいか わからなくて つらく おもう。

ごみ
ごみを すてる。 
いらなく なって すてる もの。

こむ
エレベーターが こむ。 
ひとが いっぱいで ぎゅうぎゅうに なる。

こめ
いねから こめが とれる。 
からを むいた いねの み。

こめる
ちからを こめて いもを ひっぱる。 
ちからや きもちを いっぱい だす。

こもり
いもうとの こもりを する。 
ちいさい この そばに いて、いっしょに あそんだり せわを したり する こと。

こもりうた
おかあさんが こもりうたを うたう。 
ちいさい こを ねかせる ために うたう うた。

こもる
へやに やきにくの においが こもる。 
そとに でないで なかに いっぱいに なる。

こもれび

こもれびが きらきら かがやく。

きの あいだから すこし みえる たいようの ひかり。

こや

これは ペロの こやだ。

かんたんに つくった ちいさな いえ。

こりる

やけどに こりて ふうふう する。

もう つぎは やりたくないと いう きもちに なる。

こる

おりがみに こる。

とても すきに なって そればかり する。

ころがす

ゆきの たまを ころがす。

まわしながら すすませる。

ころがる

りんごが さかみちを ころがる。

まわりながら すすむ。

ころす

ごきぶりを ころす。

しぬように する。

ころぶ

きの ねに つまずいて ころぶ。

つまずいたり すべったり して たおれる。

こわい
つりばしが ゆれて こわい。

わるい ことが おこりそうで にげたい きもちに なる。

こわいろ
おおかみが おばあさんの こわいろを まねて はなす。

こえの きこえる かんじ。

こわがる
おばけを こわがる。

こわいと おもう。

こわす
いもうとが おもちゃを こわす。

ものを わったり きずを つけたり して つかえなく する。

こわれる
かさが こわれる。

われたり きずが ついたり して つかえなく なる。

こんちゅう
こんちゅうを さがしに やまへ いく。

ばった、せみ、ちょうちょうなどの むしの なかまを よぶ ことば。

こんがらかる
あやとりの ひもが こんがらかる。

ごちゃごちゃに からまる。

こんど
こんどの にちようびは スキーに いく。

すぐに やって くる つぎの とき。

サ　さ

さ
せいの　さが　おおきい。

くらべた　ときの　ちがい。

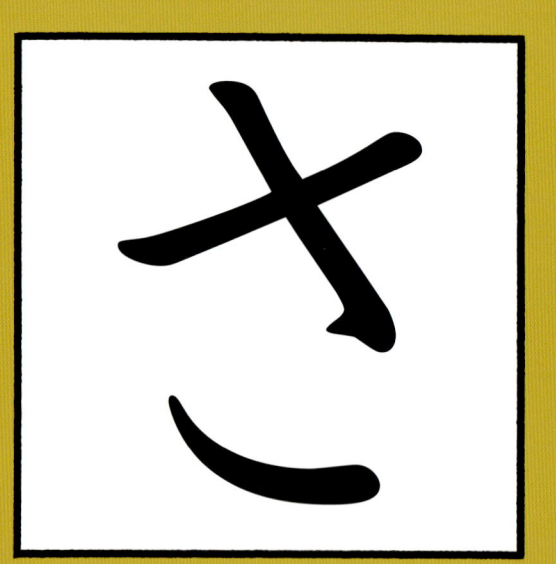

さいご
さいごに　えびを　たべる。

いちばん　おわり。

↕ さいしょ

さいしょ
さいしょに　いくらを　たべる。

いちばん　はじめ。

↕ さいご

さいそく
はやく　ごはんを　つくってと　さいそくを　する。

はやく　はやくと　たのむ　こと。

152

さいちゅう

ぬりえの さいちゅう。

なにかを して いる ちょうど その とき。

さいふ

さいふから おかねを だす。

おかねを いれる ちいさな いれもの。

ざいりょう

ホットケーキの ざいりょうを ならべる。

なにかを つくる ときに もとに なる もの。

サイレン

きゅうきゅうしゃが サイレンを ならす。

なにかを しらせる ために おおきな おとを だす もの。

さえずる

すずめが さえずる。

ことりが かわいい こえで なく。

さお

せんたくものを さおに ほす。

たけや きなどの ほそながい ぼう。

さか

ふうふう いいながら さかを のぼる。

ななめに なって いる みち。

さかさま

ほんが さかさまだよ。

きまった ものとは むきが はんたいな こと。

さがす

かくれた ともだちを さがす。

ひとや ものを みつけようと する。

さかだち

マットの うえで さかだちを する。

りょうてを じめんに つけて、りょうあしを うえに あげて たつ こと。

さかだてる

ねこが けを さかだてる。

いつもは したむきの ものを ぎゃくに たてる。

さかな → 155ページ

さからう

おかあさんに さからう。

いわれた ことを しなかったり はんたいの ことを したり する。

さがる

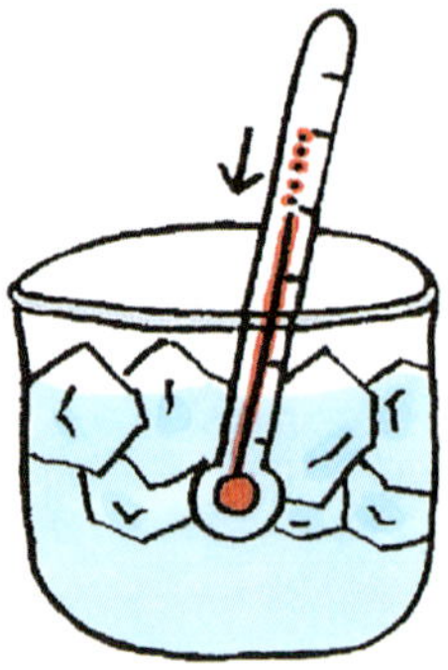

おんどが 5ど さがる。

いままでよりも すくなく なったり ひくく なったり する。

↕ あがる

さがる

あぶないので うしろに さがる。

いま いる ところから うしろへ うごく。

さかん

こいぬが さかんに うごきまわる。

とても げんきが よい ようす。

さかな

● みずの なかに すみ、およぎながら えらで いきを する いきもの。

かわ
- めだか
- どじょう
- ふな
- こい
- さけ
- うなぎ

うみ
- たい
- さんま
- ひらめ
- いわし
- ふぐ
- かつお
- とびうお

さき

さきに ゴール する。

じゅんばんが はやい こと。

⇅ あと

さく

あかい チューリップが さく。

はなの つぼみが ひらく。

さく

かだんの まわりに さくを つくる。

ひとが はいれないように かこんだ もの。

さく

しんぶんしを ほそながく さく。

かみや ぬのを びりびりと ふたつに わける。

さくひん

みんなの さくひんを ならべる。

えや こうさくなど、ひとが つくった もの。

さけぶ

しろぐみ がんばれと さけぶ。

とおくまで きこえるように おおきな こえを だして いう。

さける

えだに ひっかかって スカートが さける。

かみや ぬのが ふたつに わかれる。

さける

こわい いぬを さける。

ちかづかないように する。

さげる
あたまを さげて おじぎを する。

たかい ところから ひくい ほうへ うごかす。

↕ **あげる**

さげる
きんメダルを くびから さげる。

かたや くびから たらすように する。

ささえる
おとうさんが しっかりと はしごを ささえる。

ものが おちたり たおれたり しないように する。

さざなみ
みずうみに さざなみが たつ。

ちいさい なみ。

ささやか
ささやかな プレゼント。

あまり りっぱでは ない ようす。

ささやく
ないしょばなしを みみもとで ささやく。

ちいさな こえで そっと はなす。

ささる
うでに ちゅうしゃの はりが ささる。

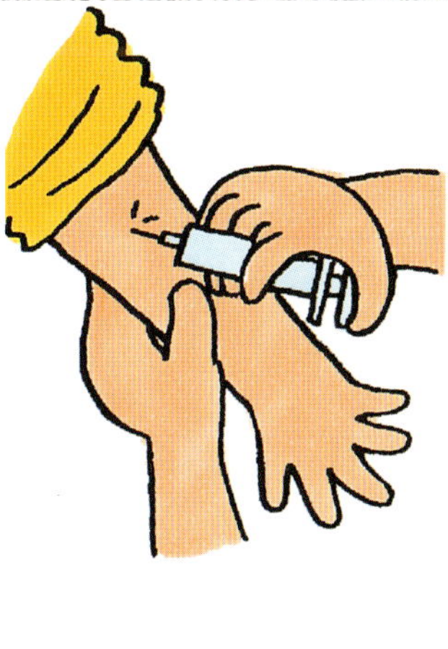

さきの とがった ものが ちくりと はいって くる。

さしかかる
こうばんの まえに さしかかる。

ちょうど そこを とおる。

さしだす

あくしゅを しようと みぎてを さしだす。

ものを まえの ほうに さっと だす。

さす

よみたい えほんを ゆびで さす。

おしえる ために ゆびを むける。

さす

カーテンの あいだから あさひが さす。

ひかりが はいる。

さす

フォークで にくを さす。

さきが とがった ものを ぷすっと いれる。

さすが

さすがに やきゅうせんしゅの ボールは はやい。

おもって いた とおりに すごい ようす。

さする

おばあさんが こしを さする。

てのひらで かるく なでる。

さそう

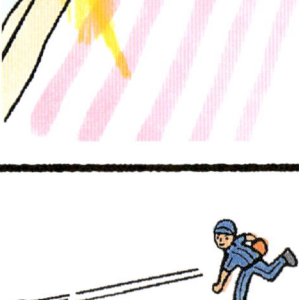

すべりだいで あそぼうと さそう。

いっしょに なにかを しようと いう。

さっき

さっき ころんだ。

いまより ちょっと まえ。

ざっし

1がつごうの ざっしを かう。

しゃしんや おはなしなどが のって いて、きまった ひに うられる ほん。

さっそく

おばあちゃんの いえに ついて さっそく おかあさんに でんわを する。

すぐに。

さとう

さとうが たっぷり かかった ドーナツ。

たべものに あまい あじを つける しろい つぶ。

さなぎ

ちょうの さなぎを みつけたよ。

むしが こどもから おとなに かわる まえの、からを かぶって いる すがた。

さばく

らくだに のって さばくを いく。

あめが すこししか ふらなくて、すなや いしだらけの ひろい ところ。

さび

ふるい あきかんに さびが つく。

てつが くうきや みずに あたって あかく かわった もの。

さびしい

ひとりで るすばんを するのは さびしい。

ひとりぼっちで なんとなく かなしい きもちに なる ようす。

さまざま
さまざまな やさいが ある。

いろいろ ある ようす。

さます
あつい シチューを さます。

あつい ものに ふうふうと いきを かけて あつく ないように する。

さます
あかちゃんが めを さます。

ねむって いるのを おきるように する。

さみしい → さびしい

さむい
ゆきの ひは さむい。

ふるえるくらい まわりの おんどが ひくい かんじ。

↕ あつい

さめる
ごはんが さめる。

あつい ものが あつく なくなって いく。

さめる
まいあさ 7じに めが さめる。

ねむって いる じかんが おわり、まわりに きがつく。

さらう
おおかみが こひつじを さらう。

だれも みて いない あいだに つれて いって しまう。

さらに
なかまが さらに ふえる。

まえよりも もっと。

160

ざる

やさいを ざるに いれる。

ほそい たけや はりがねで あんだ いれもの。

さわがしい

こうじの おとが さわがしい。

おおきな こえや おとが して うるさい。

さわぐ

ともだちと いっしょに さわぐ。

おおきな こえや おとを だして うるさく する。

さわやか

さわやかな あさ。

さっぱりと して きもちが いい ようす。

さわる

みみずに さわる。

てを ちょっと つける。

さんか

ぼんおどりに さんか する。

いっしょに する ために なかまに なる こと。

サングラス

たいようが まぶしいので サングラスを かける。

いろを つけて ひかりが まぶしく ないように した めがね。

さ

さんざん
きょうは さんざんな ひだ。

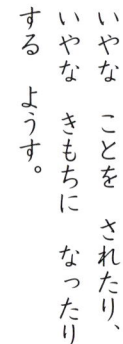

いやな ことを されたり、いやな きもちに なったり する ようす。

さんせい
やきゅうに さんせいの ひとは てを あげて。

ほかの ひとの かんがえて いる ことと おなじな こと。

↕ はんたい

サンタクロース
サンタクロースは えんとつから やって くる。

クリスマスの まえの ひの よる、こどもたちに プレゼントを もって きて くれると いう おじいさん。

サンダル
あつい ひには サンダルを はく。

あしが ぜんぶ かくれない すずしそうな はきもの。

サンドイッチ
こうえんで サンドイッチを たべる。

あいだに ハムや たまごやき やさいなどを はさんだ パン。

ざんねん
くじが はずれて ざんねんだ。

おもう とおりに ならなくて くやしい ようす。

さんぽ
いえの まわりを さんぽ する。

のんびり した きもちで ぶらぶらと あるく こと。

シ　し

じ
ノートに じを かく。

ことばを めで みて わかるように かく ための きごう。

しあい
ドッジボールの しあいを する。

スポーツで、たたかって かちと まけを きめる こと。

しあわせ
みんなで しあわせに くらす。

いい ことが たくさん あって とても うれしいと かんじる ようす。

しいく

ぞうを しいく する。

どうぶつの せわを して そだてる こと。

じいさん → おじいさん

しお

にくに しおを ふる。

たべものに しおからい あじを つける ときに つかう しろい つぶ。

しおからい

しおからい みそしる。

うみの みずのように、しおあじを とても つよく かんじる ようす。

しおれる

ばらの はなが しおれる。

はなや きが げんきが なくなって ぐったり する。

しかえし

たたかれた しかえしを する。

いやな ことを された ひとが はんたいに あいてを やっつける こと。

しかくい

しかくい おさら。

とがった ところが 4つ ある ようす。

しかける

かわに あみを しかける。

ある ことの ために どうぐを じゅんび する。

しかた

さかあがりの しかたを おしえて もらう。

なにかを する ときの やりかた。

しかたがない
あめだから そとで あそべないのは しかたがない。 
ほかに いい やりかたが ないので あきらめる。

しがみつく
おとうさんに しがみつく。 
つよい ちからで しっかりと だきつく。

しかめる
おなかが いたくて かおを しかめる。 
いやな きもちの ときに、まゆげと まゆげの あいだに しわが できる。

しかる
らくがきを した ひとを せんせいが しかる。 
よく ない ことを こわい こえで わからせる。

じかん
いまの じかんを おしえる。 
なんじ なんぷんかと いう こと。

しきい
しきいを またぐ。 
とを よこに うごかす ための ほそい みぞ。

じきに
つみきの いえは じきに できあがるよ。 
もう すぐ。

しく
ふとんを しく。 
たいらに ひろげる。

しくじる

はっぴょうかいで しくじる。

うまく やろうと おもって いたのに、その とおりに ならない。

しげみ

しげみに かくれた うさぎ。

きや くさが たくさん はえて いる ところ。

しげる

きに はが しげる。

くさや きに、えだや はが いっぱい はえる。

じけん

まちに じけんが おこる。

みんなが びっくり したり ふしぎに おもったり する よくない できごと。

じこ

まがりかどで じこが おこる。

おもっても いなかったのに おこる よくない こと。

しごと

おとうさんの しごとは しょうぼうしです。

くらして いく おかねを もらう ために する こと。

じしゃく

じしゃくに はさみが くっつく。

てつを ひきよせる ちからを もって いる もの。

じしん

じしんで いえが ゆれる。

じめんの ずっと した で おこった ちからで、じめんが ゆれる こと。

じしん
なわとびには じしんが ある。

じぶんを ただしいとか じょうずだとか しんじる こと。

しずか
としょかんでは しずかに する。

おとが しない しいんと した ようす。

しずく
かさの さきから しずくが おちる。

ぽたぽたと おちる みずの つぶ。

しずまる
あらしが しずまる。

うごいて いた ものが とまったり、おとが しなく なったり して しずかに なる。

しずむ
いしが すいそうの そこに しずむ。

ものが みずの そこに むかって おちて いく。

↕ うく

しずめる
プールに からだを しずめる。

みずの なかに みえなく なるように いれる。

しせい
しせいを まっすぐに する。

そとから みた からだの かたち。

しぜん
しぜんを たいせつに する。

やまや かわ、くさや きなどの、ひとが つくった ものでは ない もの。

し

しぜんに
しぜんに とびらが あく。

だれも なにも して いないのに ひとりでに。

した
きに のぼって したを みる。

ひくい ところ。

↕ うえ　↓ むき

した
うわぎの したに ティーシャツを きる。

ものの うちがわや かくれて よく みえない ところ。

↕ うえ

した
いもうとは ぼくより ふたつ しただ。

かずや としが すくない こと。

↕ うえ

したう
こいぬが おかあさんいぬを したう。

すきで、いつも そばに いたいと おもう。

したがう
こがもが おかあさんに したがう。

あとに ついて いく。

したがえる
ももたろうが けらいを したがえる。

いっしょに つれて いく。

したぎ
したぎの うえに ズボンを はく。

パンツや シャツなど、はだかの すぐ うえに きる ふく。

したく
ようちえんに いく したくを する。

なにかを する まえに、いる ものを そろえる こと。

したしい
あの おばさんは おかあさんと したしい。

なかが よい。

したたる
かさから みずが したたる。

みずが ぽたりぽたりと おちる。

したてる
おみせで せびろを したてる。

ぬのを きったり ぬったり して、ふくを つくる。

しっかり
のりで しっかりと くっつける。

つよく かたまって ぐらぐら しない ようす。

しつけ
いぬの しつけを する。

おぎょうぎ よく するように おしえる こと。

じっけん
どんな いろに なるか じっけんを する。

かんがえた ことが ただしいか どうか、ほんとうに やって みる こと。

しつこい

とかげを しつこく おいかける。

いやに なるくらい ずっと はなれない ようす。

じっと

じっと すわって まつ。

うごかないで しずかに して いる ようす。

じつは

じつは わたしが はんにんです。

ほんとうは。

しっぱい

りょうりを しっぱい する。

うまく できない こと。

↕ せいこう

しっぽ

どうぶつの しっぽ。

どうぶつの おしりから ほそながく のびて でて いる ところ。

しつもん

せんせいに しつもんを する。

わからない ことや しりたい ことを ひとに きく こと。

じてん

しらない ことばを じてんで しらべる。

いろいろな ことばを あつめて、ひとつひとつの ことばを よく わかるように おしえて くれる ほん。

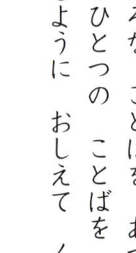

じどう
じどうで ドアが あく。

ひとが やらなくても きかいが やって くれる こと。

しなう
えだが しなう。

おれないで やわらかく まがる。

しなびる
やさいが しなびる。

なかに ある みずが なくなって、しわしわに なる。

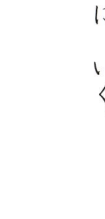

しなもの
そうこに たくさん しなものが ある。

なにかの ために つかう もの。

しぬ
かって いた いんこが しぬ。

いのちが なくなる。

⇅ いきる

しのびあし
しのびあしで あるく。

ひとに きがつかれないように そっと あるく こと。

しのびこむ
どろぼうが いえの なかへ しのびこむ。

ひとに きがつかれないように なかに はいる。

しのびよる
うしろから しのびよる。

ひとに きがつかれないように そっと ちかくに いく。

しばらく
なまえを よばれるまで しばらく まつ。

すこしの あいだ。

しばる
しんぶんを しばる。

ひもを まいて むすぶ。

しびれる
あしが しびれる。

てや あしが ぴりぴりと して、なにも かんじなく なる。

しぶい
この かきは しぶい。

くちの なかが しびれるような、いやな あじの ようす。

しぶき
しぶきを あげて とびこむ。

ばらばらに とんで ひろがる みずの つぶ。

しぶとい
しぶとく おねだり する。

なかなか あきらめないで がんばる ようす。

じぶん
じぶんの ことは じぶんで する。

ぼくや わたしの こと。

しぼむ
ふうせんが しぼむ。

ふくらんで いた ものが ちいさく なる。

しぼる
ぞうきんを しぼる。

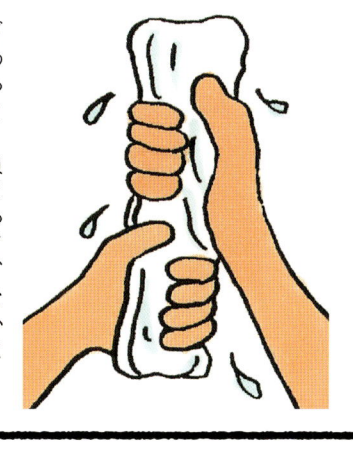

ぎゅっと ねじって、なかに ある みずを だす。

しま
ふねから しまが みえる。

まわりを ぐるっと うみで かこまれた ところ。

しまう
クレヨンを はこに しまう。

もと あった ところに もどす。

しまる
エレベーターの ドアが しまる。

あいて いた まどや との すきまが なくなる。

↕ あく

じまん
あたらしい くつを じまんする。

じぶんの ことを じぶんで すごく ほめる こと。

しみ
ふくに ジュースの しみが つく。

たべものの しるや のみものが ついた よごれ。

しみる
かみに えのぐが しみる。

みずなどが かみや ぬのの なかに すいこまれるように はいる。

しみる
くすりが きずに しみる。

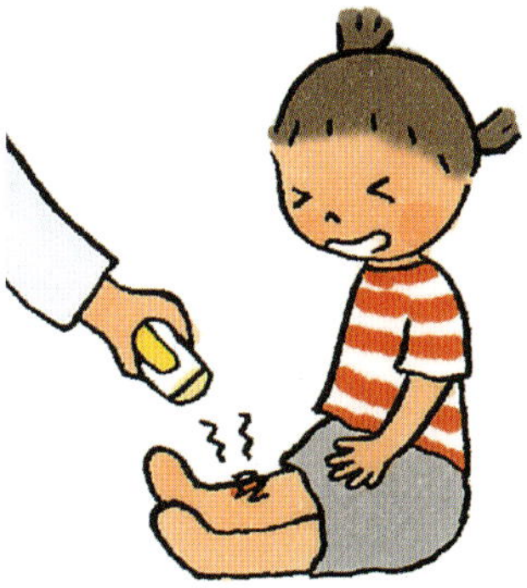

ひりひりと いたい かんじが する。

し

しめす
ちいさな こに おてほんを しめす。

あいてに わかるように して みせる。

しめる
おべんとうばこの ふたを しめる。

だしたり いれたり できなく なるように ふさぐ。

⇅ あける

しめる
しめった ふとんを ほす。

かわいて いた ものが すこし ぬれる。

しめる
ねじを しめる。

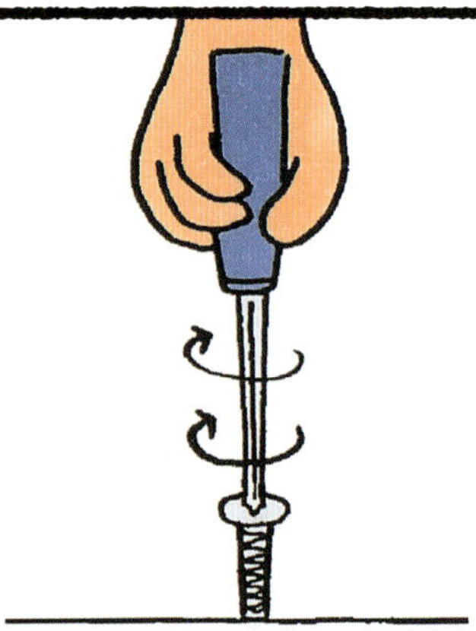

まわしたり むすんだり して、はずれないように する。

じめん
じめんに ねころぶ。

つちの うえ。

しも
はたけの やさいに しもが おりる。

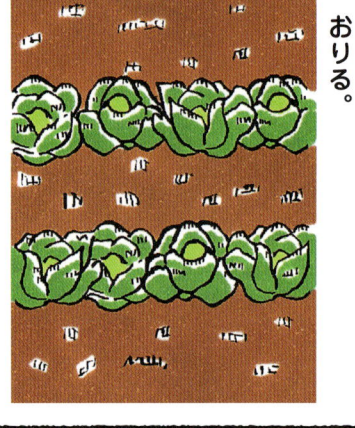

さむい ときに、くさや まどなどに くっついて できる ちいさな こおり。

しもやけ
てが しもやけに なる。

さむい ときに、ゆびが あかく はれて、いたく かゆく なる こと。

しゃがむ
しゃがんで ボールを ひろう。

ひざを まげて おしりを さげる。

しゃがれる
かぜを ひいて こえが しゃがれる。

かすれて がらがら した こえに なる。

しゃしょう
しゃしょうさんが ドアを しめる。

でんしゃで、はっしゃの あいずを したり、ドアを あけたり しめたり する ひと。

しゃしん
どうぶつえんで とった しゃしん。

カメラで ひとや ものを うつした もの。

しゃぶる
あかちゃんが ゆびを しゃぶる。

くちの なかに いれて、なめたり すったり する。

しゃべる
ともだちと しゃべる。

たくさん はなしを する。

シャボンだま
シャボンだまを とばす。

せっけんを とかした みずで つくる あわの たま。

じゃま
じてんしゃが じゃまで とおれない。

しようと して いる ことを できないように する こと。

ジャム
パンに ジャムを ぬる。

くだものと さとうを いっしょに にて、とろりと させた あまい たべもの。

しゃもじ
しゃもじで ごはんを もる。

ごはんを ちゃわんに いれるのに つかう どうぐ。

じゃれる
こねこが けいとに じゃれる。

いつまでも くっついて ふざける。

ジャングル
ジャングルを ぼうけん する。

あつい くにに ある、きや くさが いっぱい はえた ところ。

じゃんけん
じゃんけんで じゅんばんを きめる。

てで ぐう、ちょき、ぱあの かたちを つくり、かちと まけを きめる こと。

ジャンプ
ジャンプして ぼうしを とる。

じめんを けって とびあがる こと。

じゅう
ねんどで じゅうに かたちを つくる。

おもった とおりに できる ようす。

しゅうてん
バスが しゅうてんに つく。

でんしゃや バスが さいごに いく ところ。

じゅうに し
→177ページ

じゅうぶん
おやつは じゅうぶん ある。

たりない ものが ない ようす。

じゅうにし

●としの　なまえに　なった　12(じゅうに)の　どうぶつ。

わたしは　ひつじどし　うまれです。
みんなは　なにどし　うまれですか。

いのしし BOAR ボァー

ねずみ MOUSE マウス

うし COW カウ

いぬ DOG ドーグ

とり（にわとり） CHICKEN チキン

とら TIGER タイガー

さる MONKEY マンキー

うさぎ RABBIT ラビット

ひつじ SHEEP シープ

うま HORSE ホース

へび SNAKE スネィク

たつ DRAGON ドラガン

（中央の円：い（いのしし）・ね（ねずみ）・うし・とら・う（うさぎ）・たつ・み（へび）・うま・ひつじ・さる・とり・いぬ）

し

しゅうり
おもちゃを しゅうり する。

こわれた ところを なおす こと。

しゅくだい
なつやすみの しゅくだいを する。

いえで して くるように いわれた べんきょう。

しゅじん
おじさんは この みせの しゅじんだ。

おみせや いえで いちばん えらい ひと。

しゅつどう
しょうぼうしゃが しゅつどう する。

ひとを たすける ために でかける こと。

じゅくす
かきが あかく じゅくす。

くだものが そだって、たべるのに ちょうど よく なる。

しゅじゅつ
おいしゃさんが しゅじゅつを する。

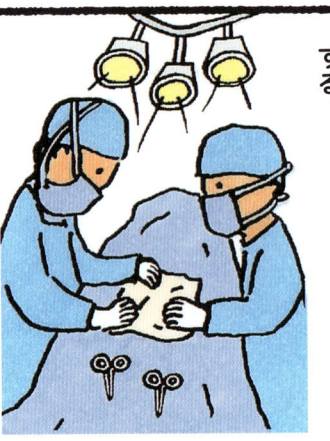

からだの わるい ところを きって なおす こと。

しゅっせき
けっこんしきに しゅっせき する。

やすまないで ようちえんや ぎょうじに いく こと。

↕ けっせき

しゅっぱつ
どうぶつえんへ しゅっぱつだ。

いこうと して いる ところに むかって でかける こと。

↕ とうちゃく

じゅもん
まほうつかいが じゅもんを となえる。

ふしぎな ことが おこるように、こえに だして いう ことば。

しゅるい
いろいろな しゅるいの くだもの。

かたちや ようすなどの ちがいで わけた なかま。

しゅんかん
そとに でた しゅんかんに わすれものに きがつく。

なにかを した すぐ あと。

じゅんじょ
じゅんじょ よく ならぶ。

きまった ならびかた。

じゅんばん
じゅんばんに おやつを もらう。

じゅんじょを きめて つぎつぎと やる こと。

じゅんび
うみに いく じゅんびを する。

なにかを する ための よういを する こと。

しよう
トイレは しよう ちゅうだ。

つかう こと。

しょうかい
ともだちを おかあさんに しょうかい する。

おたがいに しらない ひとたちを あわせる こと。

しょうがっこう

おにいさんは しょうがっこうに かよう。

ようちえんの つぎに、こどもが べんきょうを する ために いく がっこう。

しょうがない

はが いたいから おかしが たべられないのは しょうがない。

ほかの やりかたが なくて、どう する ことも できない ようす。

しょうこ

ぼくが たべてないと いう しょうこを みせる。

たしかに その とおりだと いう しるし。

しょうご

とけいの はりが しょうごを さす。

おひるの 12じ。

しょうじき

つまみぐい した ことを しょうじきに はなす。

うその ない ようす。

じょうしき

おとしよりに せきを ゆずるのは じょうしきだ。

おとなの ひとなら しって いなければ ならない こと。

じょうず

じょうずに うたを うたう。

うまく できる ようす。

↕ へた

しょうたい

おばけの しょうたいは ほうきだった。

ほんとうの すがた。

しょうたい
ともだちを パーティーに しょうたい する。

おきゃくさんに なって、きて もらう こと。

じょうだん
じょうだんを いって ともだちを わらわせる。

ふざけて いう はなし。

しょうどく
きずを しょうどく する。

くすりや ねつで、ばいきんを やっつける こと。

しょうとつ
くるまが へいに しょうとつ する。

ぶつかる こと。

しょうぶ
じゃんけんで しょうぶ する。

かちと まけを きめる こと。

じょうぶ
かぜを ひかない じょうぶな こども。

からだが げんきで びょうきを しない ようす。

しょうめん
バスていは えきの しょうめんに ある。

まっすぐ まえ。

しょうゆ
おすしを しょうゆに つける。

しおからい あじを つける ときに つかう もの。

しょうらい

しょうらいは サッカーの せんしゅに なりたい。

なんねんも たった さきの こと。

しょくじ

レストランで しょくじを する。

たべものを たべる こと。

しょくどう

しょくどうで ごはんを たべる。

しょくじを する へや。

しょくぶつ

サボテンも しょくぶつの なかまだ。

くさや きの なかまを いう ことば。

しょくよく

あそんだ あとは しょくよくが わく。

たべたいと おもう きもち。

しょげる

しかられて しょげる。

がっかり して げんきを なくす。

しょっちゅう

ふたりは しょっちゅう けんかを する。

いつも。

しょっき

→ 183ページ

しょっぱい → しおからい

しょっき
● たべものを　たべるのに　つかう　どうぐ。

さら

ちゃわん

はし

おわん

どんぶり

スプーン（さじ）
SPOON
スプーン

フォーク
FORK
フォウク

ナイフ
KNIFE
ナイフ

ゆのみ

ストロー

コップ
CUP
カップ

し

しょんぼり
ひとりぼっちで しょんぼりと すわる。 
げんきが なくて さみしそうな ようす。

しらが
しらがの おばあさん。 
しろく なった かみのけ。

じらす
えさを あげないで じらす。 
わざと ながく またせて こまらせる。

しらせる
にもつが とどいた ことを でんわで しらせる。 
ほかの ひとに おしえる。

しらべる
どうぶつの なまえを しらべる。
ほんを みたり ひとに きいたり して、しるように する。

しられる
かくした ばしょを しられる。 
ほかの ひとが しるように なる。

しらんかお
よばれたのに しらんかおを する。 
しって いるのに わざと しらない ようすを する こと。

しりごみ
こわくて しりごみ する。  
しんぱいな きもちが あって、すぐには できないで いる こと。

しりとり
しりとりを して あそぶ。

ことばの おしまいの おとで はじまる ことばを つなげて いく あそび。

しりもち
しりもちを つく。

ころんで おしりを じめんに ぶつける こと。

しる
あしたの てんきを しる。

みたり きいたり して わかる。

しるし
じぶんの かさに しるしを つける。

みた ときに ちゃんと わかるように つける ものや きごう。

じれったい
ボタンが はまらなくて じれったい。

おもうように できなくて いやな きもちに なる ようす。

しろ
わたしの ハンカチの いろは しろです。

ゆきや さとうのような いろ。

→ いろ

しろい
しろい くも。

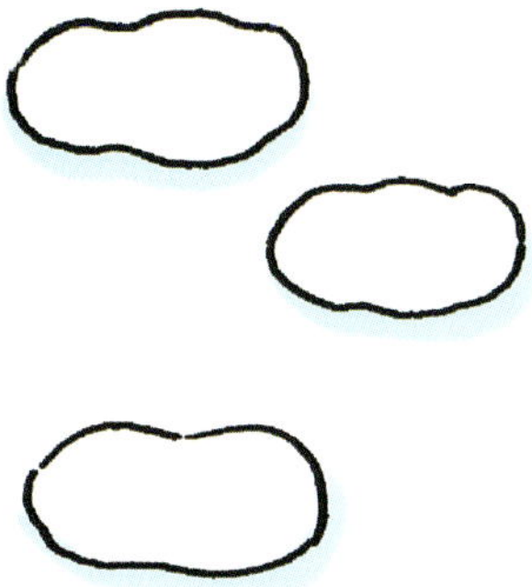

ゆきや さとうのような いろを して いる ようす。

しろ → おしろ

しわ
おじいさんの かおの しわ。

はだに できる ほそい すじ。

し

しわがれごえ 
しわがれごえの まほうつかい。
かすれて がらがら した こえ。

しわざ 
きっと ねこの しわざだ。
だれかが した よくない こと。

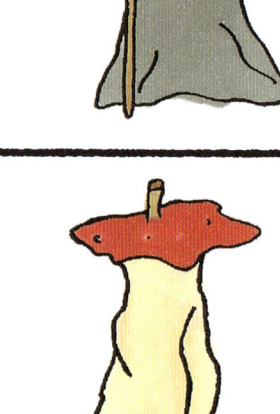

しん 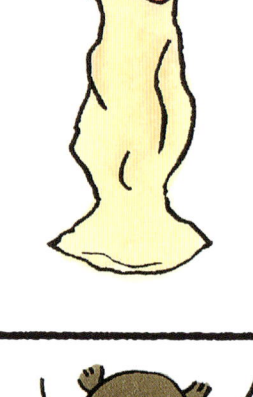
りんごの しん。
ものの まんなかに ある かたい ところ。

しんごう 
しんごうが あかなので とまる。
とまれ、すすめなどを あかや あおの いろで しらせる きかい。

しんこきゅう
おおきく しんこきゅうを する。
おおきく いきを すったり はいたり する こと。

しんさつ 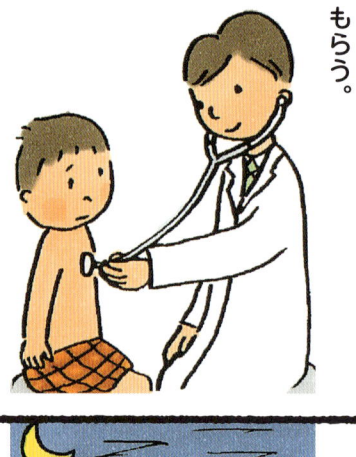
おいしゃさんに しんさつして もらう。
おいしゃさんが、びょうきの ひとの からだを しらべる こと。

しんじゅ 
おかあさんの しんじゅの ネックレス。
かいの なかに できる きれいな しろい たま。

しんじる 
おばけが いると しんじる。
ほんとうだと おもう。

しんせき

おしょうがつに しんせきが あつまる。

おとうさん、おかあさんの おやや きょうだいや その こどもたち。

しんせつ

おとしよりに しんせつに する。

ひとに やさしく して あげる こと。

しんせん

しんせんな やさい。

あたらしくて げんきが いい ようす。

しんたいけんさ

しんたいけんさで たいじゅうを はかる。

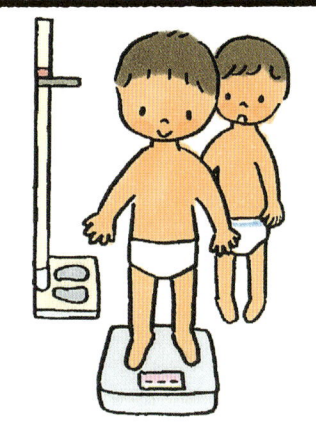

からだが けんこうか どうかを しらべる こと。

しんぱい

おとうさんの かえりが おそいので しんぱい する。

わるい ことが おこるのでは ないかと、いやな きもちに なる こと。

しんぶん

おかあさんは まいあさ しんぶんを よむ。

いろいろな できごとを、しゃしんや もじで おおくの ひとに しらせる もの。

しんぼう

いたくても しんぼう する。

くるしい ことや つらい ことを じっと がまん する こと。

ス　す

す
とりが きに すを つくる。

す
ごはんに すを いれる。

たべものに すっぱい あじを つける もの。

すいえい
おとうさんに すいえいを ならう。

およぐ こと。

すいしゃ
すいしゃが まわる。

みずが ながれる ちからを つかって まわす くるま。

すいそう
すいそうで きんぎょを かう。

みずを いれて さかなを かう いれもの。

すいぞくかん
すいぞくかんで さかなを みる。

みずの なかに くらす いきものを あつめて、けんぶつ できるように した ところ。

すいとう
すいとうの おちゃを のむ。

えんそくなどに もって いく のみものを いれる いれもの。

ずいぶん
さくらんぼが ずいぶん へる。

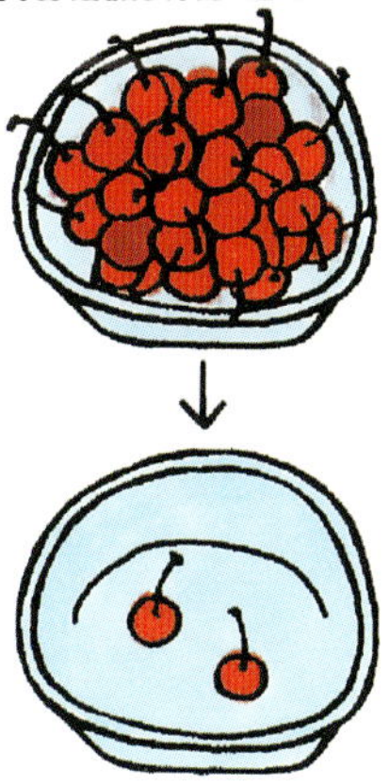

おもって いたよりも たくさん。

スイッチ
あかりの スイッチを いれる。

でんきを ながしたり とめたり する ときに つかう もの。

すいどう
すいどうの みずで てを あらう。

あらったり のんだり できるように みずを いえまで はこんで くる もの。

すいへいせん
すいへいせんに ゆうひが しずむ。

うみと そらが くっついて いるように みえる せん。

す

すう
おおきく いきを すう。

↕ **はく**

くちや はなから からだの なかに いれる。

ずうずうしい
ひとりで ぜんぶ たべるなんて ずうずうしい。

ほかの ひとの ことを かんがえないで、じぶんの やりたいように する ようす。

すうじ
すうじの 2は あひるに にて いる。

かずを あらわす ために つかう もじ。

スーパーマーケット
スーパーマーケットで かいものを する。

にく、さかな、やさい、おかしなどを うって いる おおきな おみせ。

すえっこ
わたしは 3にん きょうだいの すえっこです。

きょうだいの なかで いちばん さいごに うまれた こども。

すがすがしい
すがすがしい かぜが ふく。

こころや からだが すうっと して きもちが いい ようす。

すがた
すがたを かがみに うつす。

からだの かたちや、ふくを きた かっこう。

ずかん
さかなの ずかんを みる。

えや しゃしんを たくさん つかって、よく わかるように おしえて くれる ほん。

すき
ぼくは くだものが すきだ。

いいなと おもう ようす。

↕ きらい

スキップ
たのしくて スキップを する。

みぎと ひだりの あしを 2かいずつ とぶように して すすむ こと。

すきとおる
すきとおった びん。

ものの なかや むこうがわが よく みえる。

すきま
かべと たんすの すきまに かくれる。

ものと ものの あいだの、すこし あいて いる ところ。

ずきん
あかい ずきんを かぶった おんなの こ。

かおまで かくれるくらい おおきな ぼうし。

すぎる
おおきな きの まえを すぎる。

そこを とおって もっと さきに すすんで いく。

すく
おなかが すく。

なかに はいって いた ものが すくなく なる。

すく
ブラシで かみを すく。

かみを くしや ブラシで なでて きれいに する。

すぐ
いもうとは しかられたら すぐ なく。

つぎの ことが とても みじかい じかんで おこる ようす。

すくう
おぼれた ひとを すくう。

たすける。

すくう
りょうてで みずを すくう。

みずを てや いれものに いれて とりだす。

すくない
ぼくの ほうが すくない。

ほかと くらべて ちょっとしか ない ようす。

↕ おおい

すける
カーテンの むこうが すける。

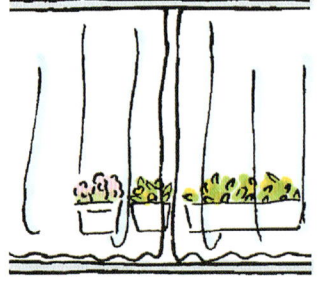

かみや ぬのが うすくて、うしろに ある ものが みえる。

すごい
たけうまに のれるなんて すごい。

びっくり するほど じょうずだったり、りっぱだったり する ようす。

すこし
しおを すこし かける。

ものが ちょっと ある ようす。

すごす
ごはんの じかんまで えほんを よんで すごす。

その じかんまで なにかを している。

スコップ
スコップで じめんを ほる。

つちや すなを ほる どうぐ。

すじ
くろい すじが はいった さかな。

ほそながい せん。

すす
えんとつの すすを そうじ する。

ものが もえる ときに、けむりと いっしょに でる くろい こな。

すず
じんじゃの すずを ならす。

なかに ちいさな たまが はいって いて、ふると おとが する もの。

すすき
はらっぱに すすきが はえる。

ふわふわ して、ほうきに にて いる あきの くさ。

すぐ

せんたくものを すすぐ。

すずしい

かぜが ふいて すずしい。

すこし つめたくて きもちの いい かんじ。

すずなり

さくらんぼが すずなりに なる。

ひとつの えだに みが たくさん ぶらさがって いる こと。

すすむ

みぎの みちに すすむ。

まえに うごいて いく。

すずむ

ひかげで すずむ。

すこし おんどの ひくい ところに いって、あつく ないように する。

すすめる

ほんを よむように すすめる。

じぶんが やって よかった ことを、ほかの ひとにも するように いう。

すする

ラーメンを すする。

みずや そばを、くちを ちいさく して すう。

スタート

あいずが なったら スタートする。

はじめる こと。

ずつ

ふたりずつ すわる。

おなじ かずに なるように わける ことば。

すっかり

ぎゅうにゅうを すっかり のみおわる。

あとに なにも のこった ものが ない ようす。

すっきり

かみを きって すっきり する。

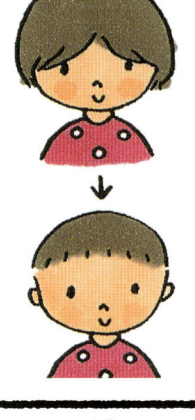

じゃまな ものが なくなって きもちが いい ようす。

ずっと

みちが ずっと つづく。

ながく つづいて いる ようす。

すっぱい

レモンは すっぱい。

うめぼしを たべた ときのような あじの する ようす。

すてき

すてきな はなの かみかざり。

みて、いいなと おもう ようす。

すてる

バナナの かわを すてる。

いらなく なった ものを ごみばこなどに いれる。

↕ ひろう

す

ストーブ
ストーブの ある へやは あたたかい。
ひやでんきを つかって さむい へやを あたためる どうぐ。

ストップ
あかしんごうで くるまが ストップ する。
うごいて いる ものが とまる こと。

すな 
すなで だんごを つくる。
いしの とても ちいさな つぶが たくさん あつまった もの。

すなはま
すなはまで かいを さがす。
うみの そばの、すなが たくさん ある ところ。

すなお 
じぶんが わるかったので すなおに あやまる。
うそを ついたり さからったり しない こと。

すねる 
おやつを もらえなくて すねる。
きに いらない ことが あって しゃべらなく なる。

スパゲッティ
トマト あじの スパゲッティ。
こむぎこで つくった ほそながい たべもの。

すばしっこい 
ねずみは すばしっこい。
とても はやく ちょこちょこと うごく ようす。

すばやい
おにに つかまらないように すばやく にげる。

ぱっと はやく うごく ようす。

すばらしい
この えは すばらしい。

とても きれいだったり りっぱだったり する ようす。

スピード
ジェットコースターは すごい スピードで はしる。

くるまや ひとなどが うごく はやさ。

ずぶぬれ
ふんすいで あそんで ずぶぬれに なる。

とても たくさん ぬれて いる こと。

すべて
はこは すべて からだ。

そこに ある ぜんぶ。

すべる
すべりだいを すべる。

ものの うえを すうっと うごく。

スポーツ
→198ページ

すます
ねる まえに はみがきを すます。

おわらせる。

すます
むしの こえに みみを すます。

いっしょうけんめいに きこうと する。

スポーツ

● ルールを まもって たのしむ うんどう。

サッカー
SOCCER
サッカー

すいえい
SWIMMING
スウィミング

やきゅう
BASEBALL
ベィスボール

ゴルフ
GOLF
ガルフ

すもう

テニス
TENNIS
テニス

スキー
SKI
スキー

スケート
SKATE
スケイト

すみ
すみで にくを やく。

ひを もやす ために つかう、きから つくった くろい かたまり。

すみ
すみで じを かく。

ふでで じを かく ために つかう、すすを かためた もの。

すみ
にわの すみに きを うえる。

まんなかから はなれた はしの ところ。

すむ
うみの ちかくに すむ。

いえを きめて、そこで くらす。

すむ
しょくじが すむ。

おわる。

すむ
かわの みずが すむ。

まざった ものが なくなって、すきとおるように なる。

↕ にごる

ずらす
つくえを よこに ずらす。

ばしょを すこし かえる。

すりむく
ころんで ひざを すりむく。

こすって かわが やぶれる。

する

そうじの おてつだいを する。

なにか からだを うごかす。

ずるい

ひとの ケーキを たべるのは ずるい。

じぶんだけに いい ことが あるように する ようす。

すると

トンネルを ぬけました。すると ゆきが ふって いました。

なにかを した あとに、べつの ことが つづいて おこる ときに つかう ことば。

すれちがう

あかい くるまと あおい くるまが すれちがう。

ふたつの ものが ちかくを とおってから、べつべつの ところに はなれて いく。

ずれる

めがねが ずれる。

まえに あった ところから すこし うごく。

すわりこむ

つかれて じめんに すわりこむ。

すわって そこから うごかない。

すわる

いすに すわる。

ひざを まげて、いすや ものの うえに おしりを のせる。

せ

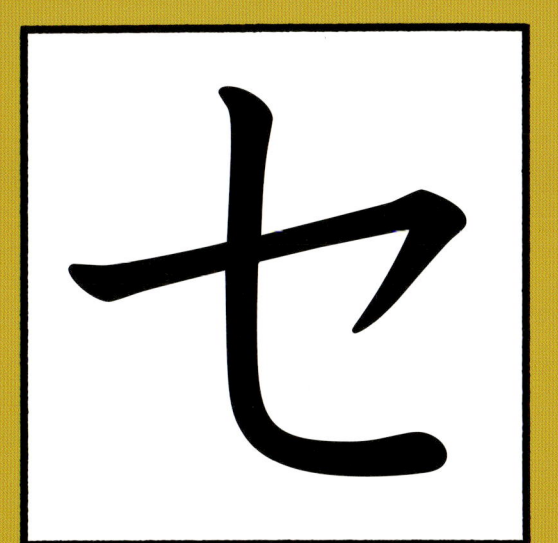

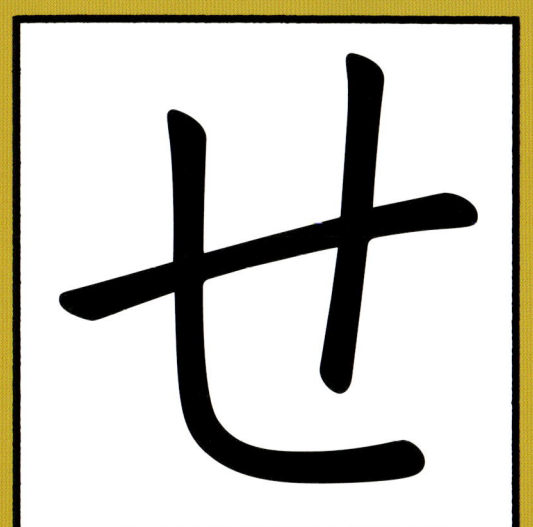

せい
ぼくは いもうとより せいが たかい。

あたまの てっぺんから あしの さきまでの たかさ。

せい
いしの せいで ころんだ。

よく ない ことが おこった わけ。

せいえん
あかぐみに せいえんを おくる。

おおきな こえを だして おうえん する こと。

せいこう
ロケット（ろけっと）の うちあげに せいこう する。

うまく できる こと。

↕ しっぱい

せ

せいざ
せいざを して おちゃを のむ。

ひざを まげて ゆかの うえに きちんと すわる こと。

せいざ
よぞらの せいざを ながめる。

ほしを いくつか まとめて、ひとやどうぶつの なまえを つけた もの。

ぜいたく
ぜいたくな しょくじ。

りっぱに みせる ために、おかねや ものを たくさん つかう ようす。

せいと
ピアノの せんせいと せいと。

がっこうで、べんきょうや いろいろな ことを せんせいから おしえて もらう ひと。

せいとん
ほんを せいとん する。

ばらばらに なって いる ものを きちんと かたづける こと。

せおう
いもうとを せおう。

せなかに ものや ひとを のせる。

せかい
せかいの ちずを みる。

ちきゅうに ある ぜんぶの くに。

せかす
はやく きがえるように せかす。
ひとを いそぐように させる。

せき
じぶんの せきに すわる。
すわる ところ。

せき
かぜを ひいて せきが でる。
のどが むずむず した ときに、ごほごほと いきおい よく でる いき。

せきばらい
えんちょうせんせいが せきばらいを する。
わざと せきを する こと。

せっかち
おとうさんは せっかちだ。
なんでも いそいで しようと して、ゆっくり しない ようす。

ぜったい
ころんでも ぜったいに なかないよ。
どんな ことが あっても。

せつめい
フラミンゴに ついての せつめいを きく。
よく わかるように はなす こと。

せつやく
あかりを けして でんきを せつやく する。
むだを しないで だいじに する こと。

せ

せのび
せのびを して へいの むこうを みる。

つまさきで たって せなかを のばし、せいを たかく みせる こと。

せびろ
おとうさんは せびろを きて かいしゃに いく。

うわぎと ズボン（ずぼん）が そろった、おとこの ひとが きる ふく。

せまい
せまい みちを 1れつで とおる。

ばしょが ちいさかったり、よこの ながさが みじかかったり する ようす。

⇅ ひろい

せめる
おもちゃを こわした ともだちを せめる。

まちがった ことや わるい ことを した ひとを しかる。

せめる
あいての ゴール（ごーる）を せめる。

てきを まけさせようと むかって いく。

せわ
いもうとの せわを する。

ほかの ひとの ために いろいろな ことを して あげる こと。

せん
じめんに まっすぐな せんを ひく。

ほそくて、ながく つづいて いる もの。

せんしゅ
スケート（すけーと）の せんしゅに なりたいな。

スポーツ（すぽーつ）の しあいに でる ために、えらばれた ひと。

せんせい

せんせいに あいさつを する。

ようちえんや がっこうで、べんきょうや いろいろな ことを おしえて くれる ひと。

ぜんぜん

この ほんは ぜんぜん おもしろくない。

すこしも そうでは ない ようす。

せんそう

せんそうは よく ない ことだ。

くにと くにが、てっぽうや ばくだんなどを つかって たたかう こと。

⇅ へいわ

せんたく

せんたくきで せんたくを する。

よごれた ふくを あらって、きれいに する こと。

せんちょう

せんちょうは ふねの あんぜんを まもる。

ふねで はたらく ひとの なかで いちばん えらい ひと。

せんとう

せんとうを あるく。

れつの いちばん まえ。

ぜんぶ

おべんとうを ぜんぶ たべた。

ひとつも のこさないで、みんな。

せんぷうき

せんぷうきの かぜが すずしい。

でんきの ちからで はねを まわして、かぜが ふくように した きかい。

せんろ → レール

ソ そ

そう
かわに そって あるく。

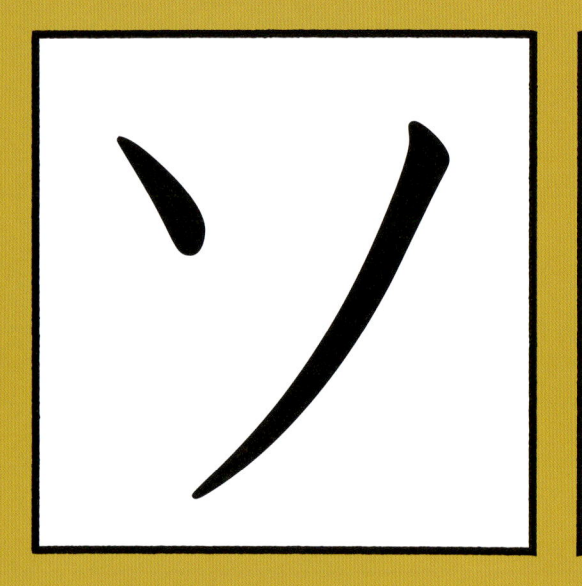

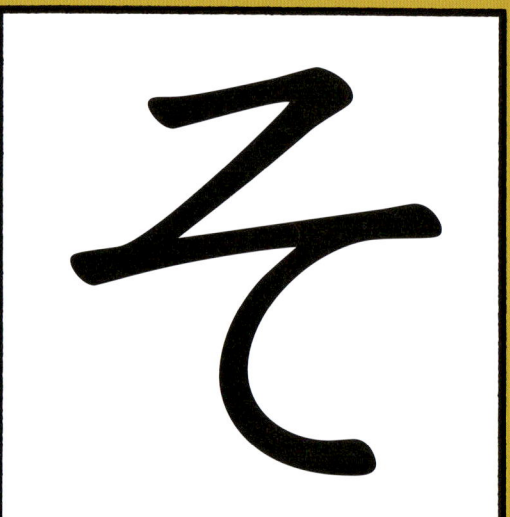

ほそながく つづいて いる ものから はなれないように して すすむ。

ぞうきん
ぞうきんで ゆかを ふく。

よごれた ところを ふいて きれいに する ための ぬの。

そうじ
にわを そうじ する。

はいたり ふいたり して、よごれた ところを きれいに する こと。

そうじき

そうじきを かける。

ごみを すいこんで きれいに する きかい。

そうぞうしい

どうぶつえんの さるが そうぞうしい。

おおきな こえや おとで、うるさく かんじる ようす。

ぞうり

ぞうりを はく。

ゆびを ひっかけて はく、そこが たいらな にほんの はきもの。

ソース

とんカツに ソースを かける。

りょうりを おいしく たべる ために かける もの。

そうぞう

そらを とぶ くるまを そうぞう する。

みたり したり した ことが ない ものを、あたまで かんがえる こと。

そうだん

おかあさんに なにを あげるか そうだん する。

どう するか きめる ために はなしあう こと。

そえる

プレゼントに てがみを そえる。

ほかの ものを そばに ちょっと つけて おく。

ソーセージ

ソーセージを パンに はさむ。

うしや ぶたの ちょうに、あじを つけた にくを いれて つくった たべもの。

そ

そこ
バケツの そこに あなが あく。

くぼんだ ものの いちばん したの ところ。

そそぐ
コップに みずを そそぐ。

みずなどを いれものに ながして いれる。

そそっかしい
おにいさんは そそっかしい。

ちゃんと かんがえないで うごいて、よく しっぱいを する ようす。

そだつ
ひまわりが げんきに そだつ。

いきて いる ものが おおきく なる。

そだてる
あさがおを そだてる。

いきて いる ものを せわして、おおきく する。

そつぎょう
しょうがっこうを そつぎょう する。

がっこうで ならう べんきょうが ぜんぶ おわって、そのがっこうを でる こと。

ソックス → くつした

↕ にゅうがく

そっくり
おとうさんと ぼくは かおが そっくりだ。

とても にて いる ようす。

そっけない

いもうとの へんじは そっけない。

ほかの ひとへ やさしく しようと する きもちが ない ようす。

そっと

あかちゃんの そばを そっと あるく。

おとが しないように しずかに なにかを する ようす。

そと

かばんの そとに ほんを だす。

いれものや たてものから でた ところ。

↕ なか

そなえる

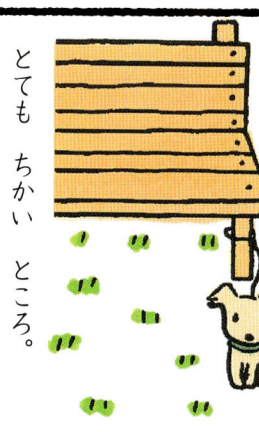

おはかに はなを そなえる。

かみさまや ほとけさまに ものを あげる。

そば

ベンチの そばに いぬが いる。

とても ちかい ところ。

そびえる

やまが そびえる。

やまや たてものが、とても たかく たって いる。

そまつ

たべものを そまつに しては いけません。

ものを たいせつに しない ようす。

209

そ

そまる
そらが ゆうひで あかく そまる。

いままでの いろと ちがう いろに なる。

そむく
おかあさんとの やくそくに そむく。

いう ことを きかなかったり、きまりを まもらなかったり する。

そめる
ハンカチを あおく そめる。

ちがう いろに する。

そよかぜ
そよかぜが ふく。

しずかに ふく、きもちが いい かぜ。

そよぐ
コスモスが かぜに そよぐ。

かぜが しずかに ふいて、きや くさなどが ゆれる。

そら
あおい そらを みあげる。

あたまの ずっと うえに ひろがって いる、たいようや くもや つきが みえる ところ。

そり
そりに のって あそぶ。 

ひとや ものを のせて、ゆきや こおりの うえを すべる のりもの。

そる
ほんの ひょうしが そる。

まっすぐな ものが ゆみのように まるく なって まがる。

そる
おとうさんが ひげを そる。

ひげや かみのけを、はえて いる ところから なくす。

それぞれ
それぞれ すきな いろが ちがう。

ひとりひとりの ひと。

それる
なげた ボールが それる。

ちがう ほうに いく。

そろう
えんぴつの ながさが そろう。

おなじに なる。

そろえる
かばんと くつの いろを そろえる。

おなじに する。

そん
おつりを もらうのを わすれて そんを する。

じぶんの ものに なる はずだった おかねや ものが、じぶんの ものに ならない こと。

↕ とく

ぞんぶん
ゆうえんちで ぞんぶんに あそぶ。

したい ことを したいだけ して、よんぞく する ようす。

タ た

だい
だいに のって まどを ふく。

ものを のせたり ひとが のったり する もの。

たいいん
びょうきが なおったので たいいん する。

びょうきや けがの ために とまって いた びょういんから いえに かえる こと。

↕ にゅういん

たいおんけい
たいおんけいで ねつを はかる。

ねつが あるか どうかを はかる どうぐ。

だいく
だいくさんが いえを つくる。

だいくさんが いえを つくったり なおしたり する しごとを する ひと。

たいくつ

じっと まって いるのは たいくつだ。

なにも する ことが なくて おもしろく ない こと。

たいじ

わるい おにを たいじ する。

わるい ものを やっつける こと。

だいじ

おはなを だいじに そだてる。

やさしい きもちで てに もったり、せわを したり する ようす。

だいじょうぶ

しばふの うえなら ころんでも だいじょうぶ。

あんしん できる ようす。

たいせつ

おもちゃを たいせつに しまう。

こわれたり なくしたり しないように やさしく つかう ようす。

たいそう

うたに あわせて たいそうを する。

からだを じょうぶに する ために てや あしを うごかす うんどう。

だいたい

おかずは だいたい たべた。

ほとんど ぜんぶ。

たいど

しかられて いるのに たいどが わるい。

こころの ようすが わかるような はなしかたや うごきかた。

た

だいなし
コーヒーが こぼれて えが だいなしだ。

つくった ものや した ことが だめに なって しまう こと。

だいぶ
ちょきんが だいぶ たまる。

おもったより おおい ようす。

たいふう
たいふうが きた。

つよい かぜが ふいて たくさんの あめが ふる、なつから あきの てんき。

たいへん
たいへんだ。ことりが にげた。

とても こまって しまうような こと。

タイヤ
トラックの タイヤは とても おおきい。

くるまや じてんしゃを うごかす ために まわる ゴムの わ。

ダイヤモンド
おかあさんの ダイヤモンドの ゆびわ。

とうめいで きらきら ひかる いし。

たいよう
たいようが うみに しずむ。

そらに あって ちきゅうに ひかりと ねつを くれる もの。

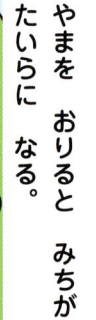

たいら
やまを おりると みちが たいらに なる。

でこぼこが ない ようす。

たえる
はんそでで さむさに たえる。 
がまん して そのままで いる。

たおす
うでが あたって かびんを たおす。 
たって いる ものを よこに して しまう。

たおれる
たいふうで たくさんの きが たおれる。 
たって いる ものが よこに なって しまう。

たかい
ぼくは おとうとより せが たかい。 
ほかと くらべて うえの ほうに ある ようす。
⇕ ひくい

たかい
この おもちゃは たかい。 
かうのに たくさんの おかねが いる ようす。
⇕ やすい

たがやす
はたけを たがやす。 
やさいを つくる ために つちを ほって やわらかく する。

たから
この ゆびわは おかあさんの たからです。 
とても たいせつな もの。

たき
おおきな たきが ながれる。 
みずが たかい ところから ながれて おちて いる ところ。

たきぎ

もりで たきぎを ひろう。

もやす ための ほそい きや えだ。

だきしめる

ぬいぐるみを だきしめる。

りょうほうの うでで ぎゅっと つよく だく。

だきつく

おかあさんに だきつく。

はなれないように しっかりと つかまえる。

たきび

たきびで からだを あたためる。

おちばや えだなどを あつめて もやす こと。

たく

まいあさ ごはんを たく。

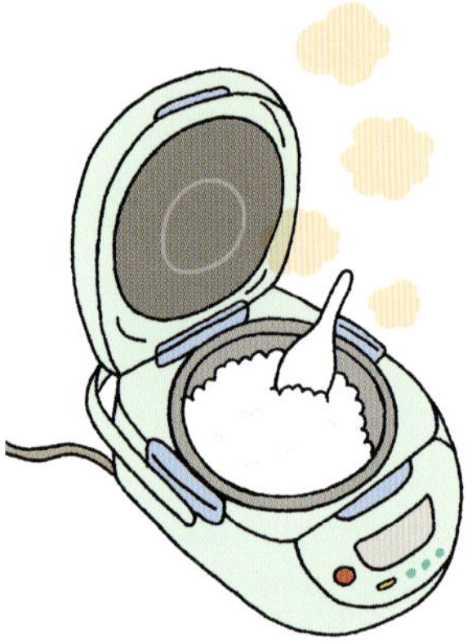

みずと ひを つかって こめを ごはんに する。

だく

おかあさんが いもうとを だく。

うでで しっかりと もつ。

たくさん

ぼくは ミニカーを たくさん もって いる。

ものが いっぱい ある ようす。

タクシー

てを あげて タクシーを とめる。

おかねを はらって いきたい ところに つれて いって もらう くるま。

たくましい

おとうさんは たくましい。

からだが じょうぶで つよい ようす。

たけ

たけの みじかい ズボン。

ズボンや スカートなどの ながさ。

たけのこ

たけのこを ほる。

はるに つちから はえて くる たけの こども。

たこ

たこを あげる。

かぜの ちからで そらに あげて あそぶ もの。

たこ

たこが たこつぼに はいる。

あたまが おおきくて あしが 8ぽん ある、うみの いきもの。

たしか

たしか ここに おにぎりが あった はずだ。

はっきりとは おぼえて いないけれど、だいたい あって いる ようす。

たしかめる

わすれものが ないか たしかめる。

よく みて しらべる。

たす

しおからい スープに みずを たす。

たりない ものを ふやす。

だす
つみきを はこから だす。

ものを なかから そとに うつす。

↕ いれる

たすかる
おぼれた こいぬが たすかる。

こまった ことや あぶない ことから にげられる。

た

たすける
こねこを たすける。

てつだって らくに して あげる。

たずねる
おじさんの おうちを たずねる。

だれかの いえに いく。

たずねる
おまわりさんに みちを たずねる。

わからない ことを きく。

ただ
あめを ただで もらう。

おかねが いらない こと。

だだ
おもちゃが ほしいと だだを こねる。

いう ことを きかないで おとなを こまらせる こと。

たたかう
へびと かえるが たたかう。

あいてを やっつけようと する。

たたく
たいこを たたく。 
てや ぼうなどで うつ。

ただしい
ただしい こたえを いう。 
まちがって いない ようす。

たたみ
たたみの へやで ほんを よむ。 
へやに しく ために わらで つくった もの。

たたむ
ようふくを きれいに たたむ。 
おって ちいさく する。

ただよう
そらに くもが ただよう。 
ふわふわと うかんで いる。

たちあがる
なまえを よばれて たちあがる。 
すわって いた ところから たつ。

たちどまる
すてきな ふくを みつけて たちどまる。 
あるくのを やめて そこに とまる。

たちまち
たちまち ちゃわんが からに なる。 
ちょっと みて いる あいだに。

たつ → りゅう

たつ
いすから たつ。
からだを おこして まっすぐに なる。

たつ
あたらしい いえが たつ。
たてものが つくられる。

たつ
3ぷん たったら できあがる。
じかんが すぎる。

たっぷり
さとうを たっぷり かける。
いっぱい ある ようす。

たて ↕ よこ
たてに ながい たてもの。
うえと した、まえと うしろの ほうこう。

たてがみ
うまの たてがみが かぜに ゆれる。
うまや ライオンの くびから せなかに はえて いる ながい け。

たてもの
おおきな とけいの ある たてもの。
なかに すんだり しごとを したり する ために つくった もの。

た

たてる
やまの てっぺんに はたを たてる。

たてに まっすぐに する。

たてる
おおきな ビルを たてる。

たてものを つくる。

たとえる
おじさんを やさいに たとえると ごぼうです。

にて いる ほかの ものを つかって、よく わかるように いう。

たどりつく
やまの ちょうじょうに たどりつく。

いきたい ところに やっと つく。

たどる
かわを たどって やまを くだる。

ながく つづく ものに そって すすむ。

たなびく
やまに くもが たなびく。

けむりや くもなどが よこに ながれる。

たに
たにで しかに であう。

やまと やまの あいだの ひくく なった ところ。

たね

かだんに たねを まく。

きや くさばなの もとに なる つぶ。

たのしい

みずあそびは とても たのしい。

おもしろくて うれしいと おもう かんじ。

たのしむ

パーティーを たのしむ。

すきな ことを して うれしい きもちに なる。

たのむ

おかあさんに えほんを よんで と たのむ。

おねがいを する。

たばねる

かみのけを たばねる。

ほそながい ものを たくさん あつめて ひとつに する。

たび → りょこう

たびたび

この かどでは たびたび じこが おきる。

なんども なんども。

たぶん

たぶん あしたは はれるだろう。

だいたい そうだろうと おもう ようす。

たべもの

いろいろな たべものが ならぶ。

たべる ための もの。

たべる
まいにち ちゃんと ごはんを たべる。 
くちに いれて かんで のみこむ。

たま
けいとの たま。 
まるくて ころがる かたちの もの。

たまご
にわとりが たまごを うむ。
とりや さかななどの めすが うむ もの。

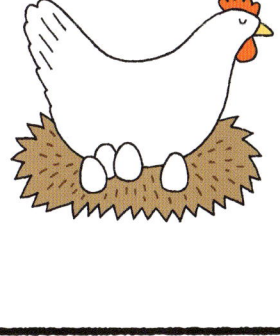

だます
たぬきが おじいさんを だます。 
うそを ついて ほんとうだと おもわせる。

たまに
おとうさんは たまに おみやげを かって かえる。  
ときどき ある ようす。

たまらない
くすぐったくて たまらない。 
どうしても がまん できない。

たまる
あめが バケツに たまる。 
だんだん あつまって おおく なる。

だまる
おとうさんが おこると みんなが だまる。 
おしゃべりを やめる。

だめ

つまみぐいは だめです。

しては いけない こと。

ためいき

うまく いかなくて ためいきが でる。

つかれた ときや こまった ときに でて しまう、ふうと いう いき。

ためす

みずに うかぶか どうか ためす。

どう なるかを しる ために やって みる。

ためる

シールを はこに ためる。

いっぱいに なるように あつめて いく。

たよる

こまった ときは おとうさんに たよる。

てつだって もらおうと する。

だらけ

どろだらけの くつ。

いやに なるくらい なにかが いっぱい ある ようす。

だらしない

だらしない かっこう。

きちんと して いない ようす。

たらす

はちみつを たらす。

みずなどを ぽとぽとと おとす。

224

たりない
ケーキが ひとつ たりない。

なにかを する ために いる ものが、ちゃんと そろって いない。

たりる
ケーキが たりる。

なにかを する ために いる ものが、ちゃんと ある。

だるい
ねつが あって からだが だるい。

げんきが なくて からだに ちからが はいらない ようす。

だるま
だるまは なかなか たおれない。

てと あしの ない にんぎょう。

たるむ
ひもが たるむ。

ぴんと はって いた ものが だらりと する。

だれ
あの ひとは だれだろう。

しらない ひとを さすのに つかう ことば。

たれる
あめの しずくが たれる。

みずなどが ぽとんぽとんと おちる。

たわむ
ゆきで たけが たわむ。

おもさで ゆみのように まがる。

だん
おひなさまを だんに かざる。
たかさが すこしずつ ちがって いる ところ。

たんけん
どうくつを たんけん する。
だれも いった ことの ない ところを しらべに いく こと。 

たんこぶ → こぶ

たんじょうび
たんじょうびの おいわい。 
うまれた ひ。

ダンス
ともだちと ダンスを する。 
おんがくに あわせて からだを うごかす がいこくの おどり。

だんだん
だんだん くらく なる。 
すこしずつ かわって いく ようす。

たんぼ
たんぼで いねを かる。 
こめを つくる ところ。

だんろ
だんろに あたって あたたまる。 
ひを もやして へやを あたためる もの。

チ ち

ち 
あしを すりむいて ちが でた。

からだの なかを ながれて いる あかい もの。

ちいさい 
わたしの くつは ちいさい。

ひろさや たかさなどが ほかより すくない ようす。

↕ **おおきい**

チーズ
あさごはんに チーズを たべる。

うしや やぎなどの ミルクを かためて つくる たべもの。

ちえ  
さるには ちえが ある。

やくに たつ よい かんがえ。

ち

ちか
ちかを とおる でんしゃ。 
じめんの した。

ちかい
ようちえんは こうえんに ちかい。 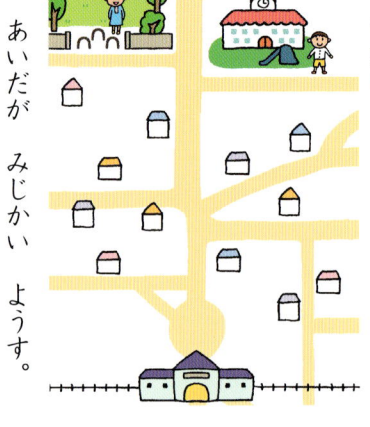
あいだが みじかい ようす。

↕ とおい

ちかう
もう いたずら しない ことを ちかう。 
かならず まもると やくそく する。

ちがう
かたちの ちがう つみき。 
おなじで ない ようす。

ちがう
ちがう くみに ならぶ。
ただしく ない ようす。

ちかしつ
はしごを つかって ちかしつに おりる。 
じめんの したに ある へや。

ちかづく
たいふうが にほんに ちかづく。 
だんだん ちかくに なる。

ちかみち

ちかみちを とおって こうえんに いく。

いきたい ところに はやく いける みち。

ちかよる

ねこが さかなに ちかよる。

ちかくに いく。

ちから

ちからを だして にもつを もちあげる。

なにかを うごかす もとに なる もの。

ちからもち

おとうさんは ちからもちです。

つよい ちからを もって いる ひと。

ちきゅう

ちきゅうは あおく みえる。

わたしたち にんげんが すんで いる ほし。

ちぎる

おりがみを ちぎる。

ゆびで ひっぱって ちいさく やぶる。

ちぎれる

ふくろが ちぎれる。

やぶれて とれる。

ちこく

ようちえんに ちこく する。

きめられた じかんに おくれる こと。

ちず
いえまでの ちずを かく。

たてものの ある ところや みちを わかりやすく かいた え。

ちち → おとうさん

ちぢまる
まえを はしる ひととの さが ちぢまる。

ちいさく なる。

ちぢむ
セーターが ちぢむ。

まえより みじかく なる。

↕ のびる

ちぢめる
からだを ちぢめて くぐる。

いつもより ちいさく する。

ちぢれる
ちぢれた めん。

なみのように くねくねした かたちに なる。

ちへいせん
ちへいせんから たいようが のぼる。

ひろい ところで、そらと じめんが くっついて いるように みえる せん。

ちゃくりく
ひこうきが くうこうに ちゃくりく する。

そらから おりて じめんに つく こと。

↕ りりく

チャック → ファスナー

ちゃめっけ 
おとうとは ちゃめっけが ある。
ふざけて ひとを わらわせようと する きもち。

チャンス 
いまが チャンスだ。
ちょうど よい とき。

ちゃんと 
せんせいの おはなしを ちゃんと きく。
きめられた とおりに なにかを する ようす。

ちゅうい 
みずたまりに ちゅういして あるく。
あぶない ことに あわないように、まわりに きを つける こと。

ちゅうくらい 
ぼくは せいが ちゅうくらいです。
おおきさや おもさが まんなかぐらいで ある ようす。

ちゅうし 
うんどうかいは あめで ちゅうしだ。
やろうと した ぎょうじを やめる こと。

ちゅうしゃ 
びょういんで ちゅうしゃを する。
はりを さして くすりを からだに いれる こと。

ちゅうしゃじょう 
ちゅうしゃじょうで あそんでは いけません。
くるまを とめて おく ところ。

ちゅうしん
えんの ちゅうしんに あなを あける。

まんなか。

ちゅうもん
オムライスを ちゅうもん する。

これが ほしいと おねがい する。

ちょうじょう
やまの ちょうじょうへ のぼる。

やまの いちばん たかい ところ。

ちょきん
おこづかいを ちょきん する。

おかねを ためる こと。

ちゅうふく
やまの ちゅうふくに おてらが ある。

やまの まんなか あたり。

ちょうど
いま、ちょうど 3じだ。

ぴったりで ある ようす。

ちょっと
ごはんを ちょっと のこす。

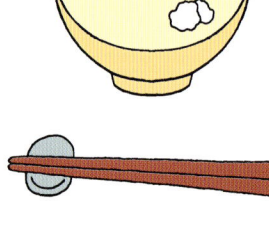

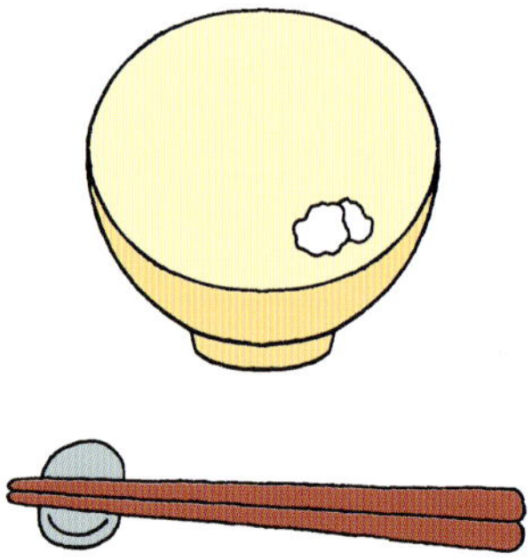

すこし。

ちらかす
おもちゃを ちらかした へや。

ものを あちこちに ばらばらに おく。

ちらす
たんぽぽの たねを ちらす。

あちこちに ばらばらに とばす。

ちらつく
ゆきが ちらつく。

ちいさい ものが すこしずつ ゆれながら おちる。

ちらばる
ごみが ちらばる。

あちこちに ばらばらに ある。

ちり
ちりを はらう。

ちいさな ごみ。

ちりとり
ほうきと ちりとりで そうじ する。

あつめた ごみを はこぶ ための どうぐ。

ちりばめる
ほうせきを ちりばめた ドレス。

あちこちに つける。

ちる
さくらの はなが ちる。

はなびらなどが ばらばらに はなれて おちる。

ツ　つ

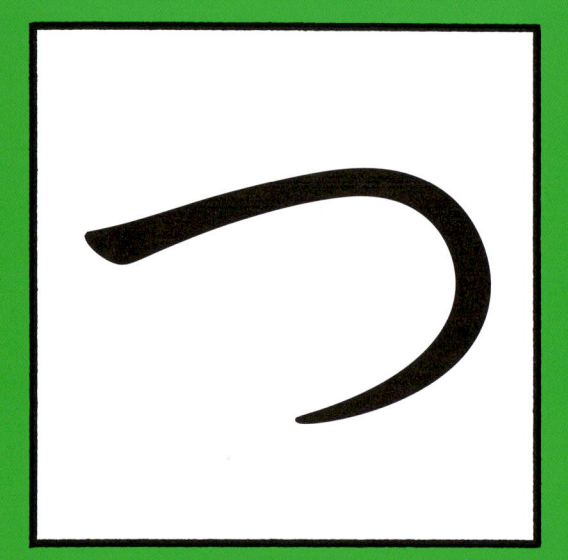

ついばむ
ことりが きの みを ついばむ。

とりが くちばしで つついて たべる。

つえ
つえを ついて あるく。

あるくのを たすける ぼう。

つかう
いろえんぴつを つかって いろを ぬる。

やくに たつように どうぐを うごかす。

つかい → おつかい

つかえる
おなかが あなに つかえる。

つまって とおらなく なる。

234

つかまえる

とかげを つかまえる。

にげられないように しっかりと おさえる。

つかまる

おにごっこで おにに つかまる。

にげられないように からだを おさえられる。

つかむ

てすりを つかむ。

てで しっかり にぎる。

つかれる

いっぱい あそんだ あとは つかれる。

げんきが なくなる。

つかる

おふろに かたまで つかる。

みずや おゆの なかに はいる。

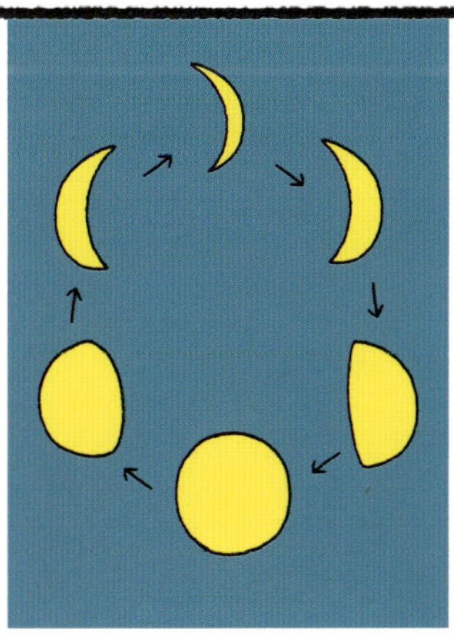

つぎ

つぎは ぼくの ばんだ。

じゅんばんが ひとつ あと。

つぎつぎ

ならんで いた ひとが つぎつぎに バスに のる。

どんどん つづく ようす。

つく

どうぶつえんに つく。

めざす ところへ いく。

つく

ふくに どろが つく。

ものと ものとが はなれなく なる。

つく

ボールを つく。

ちからを いれて おす。

つく

たきぎに ひが つく。

ひが もえ はじめる。

つく

くらく なると あかりが つく。

スイッチを うごかして、でんきが とおるように なる。

つく

もちを つく。

もちを きねで つよく たたく。

つぐ

コップに ぎゅうにゅうを つぐ。

みずなどを ちいさな いれものに すこしずつ いれる。

つくし
はらっぱで つくしを みつける。

はるに はえる、ふでの さきのような かたちを した くさ。

つくる
はなで くびかざりを つくる。

かたちの ある ものに する。

つけね
うでの つけねに ほうたいを まく。

ものと ものとが くっついて いる、もとの ぶぶん。

つける
ふくに なふだを つける。

ぴったり あわせて とれないように する。

つける
ろうそくに ひを つける。

ひを もえ させる。

つける
せんぷうきを つける。

スイッチを うごかして でんきが とおるように する。

つける
かおを みずに つける。

みずに いれて ぬらす。

つたえる
ようちえんの おしらせを おかあさんに つたえる。

ひとが いった ことを だれかに しらせる。

つたわる

こえが つたわる。

つたえようと する ことが あいてに とどく。

つち

たけのこが つちから でて くる。

じめんの うえの どろや すな。

つつ

つつに ひもを とおす。

まるく ほそながくて、なかが からに なって いる もの。

つつく

まえの こを ゆびで つつく。

かるく ちょんちょんと おす。

つづく

すみれぐみの うしろに ひまわりぐみが つづく。

あとに つながって いく。

つづける

えんそうを つづける。

やめないで、そのまま ずっと する。

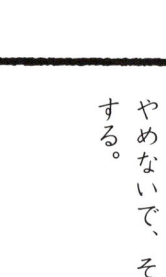

つっこむ

いわの あいだに てを つっこむ。

なかに ぐっと いれる。

つっぱる

ねこが まえあしを つっぱる。

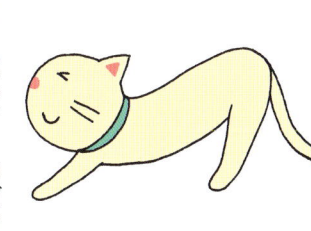

ぴんと はって のばす。

つつむ

きれいな かみで しなものを つつむ。

そとに でないように なかに いれて おおう。

つな

ちから いっぱい つなを ひっぱる。

わらを あつめて ふとく した ひも。

つながる

せんろが つながる。

はなれて いた ものが くっつけられて ひとつに なる。

つなぐ

わに なって てを つなぐ。

はなれて いた ものと ものを むすぶ。

つねる

ほっぺたを つねる。

ゆびで からだの かわを つまんで ねじる。

つの

トナカイの つのは おおきい。

しかや うしなどの あたまから つきでた かたい もの。

つば
くちの なかに でて くる みずのような もの。

つばを とばして しゃべる。

つばさ
とりが つばさを ひろげる。

とりや ひこうきの はね。

つぶ
あめの つぶが かさに あたる。

まるくて とても ちいさな かたまり。

つぶす
ジュースの かんを つぶす。

つよい ちからで おして、もとの かたちが なくなるように する。

つぶやく
むしに むかって ちいさく つぶやく。

ひとに きこえないように ちいさな こえで いう。

つぶる
めを つぶる。

めを とじる。

つぶれる
つぶれた まんじゅう。

つよい ちからで おされて、もとの かたちが かわる。

つぼ
つぼから うめぼしを とる。

いりぐちが ちいさくて、なかが ふくらんで いる いれもの。

つぼみ
はなの つぼみが ふくらむ。

まだ ひらいて いない はな。

つぼむ
チューリップの はなが つぼむ。

ひらいた はなが とじる。

つぼめる
かさを つぼめる。

ひらいて いる ものを とじる。

つまずく
おもちゃに つまずく。

あしが なにかに ぶつかって ころびそうに なる。

つまみぐい
ソーセージを つまみぐい する。

みつからないように こっそり たべる。

つまむ
みみたぶを つまむ。

ゆびで はさんで もつ。

つまらない
あそべなくて つまらない。

おもしろく ない ようす。

つまる
そうじきに ごみが つまる。

なにかが いっぱいに なって じゃまに なる。

つみ
ひとの ものを とるのは つみです。 
してはいけない わるい こと。

つみき
つみきで いえを つくる。 
ちいさな きを くみあわせて あそぶ おもちゃ。

つむ
トラックに にもつを つむ。 
うえに のせる。

つむ
はなを つむ。 
つまんで とる。

つむぐ
いとを つむぐ。 
わたや まゆを ほそながく のばして いとを つくる。

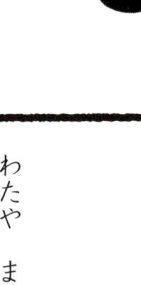

つむる → つぶる

つめこむ
ポケットに いしを つめこむ。 
いれられるだけ たくさん いれる。

つめたい
かわの みずが つめたい。 
さわった ときや くちに いれた ときに、ひやっと するくらい おんどが ひくい かんじ。

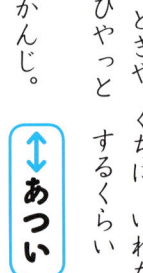

↕ あつい

つめる
はこに まんじゅうを つめる。 
ものを いっぱいに いれる。

つもる
ゆきが まどの したまで つもる。

ちいさな ものが たくさん かさなって たかく なる。

つや
つやの ある テーブル。

ものを みがくと でて くる かがやき。

つゆ
はに つゆが たまる。

くさや はに ついた ちいさな みずの たま。

つゆ
つゆに なると まいにち あめが ふる。

6がつから 7がつごろの あめが ふり つづく とき。

つよい
ぞうは ライオンより つよい。

ちからが たくさん ある ようす。

↕ よわい

つらい
はなみずが たくさん でて つらい。

がまん できないくらい くるしい かんじ。

つらら
のきに つららが さがる。

やねから おちる みずが こおった もの。

つり

かわで つりを する。

さかなを つる こと。

つりあう

シーソーが つりあう。

ふたつの ものの おもさが おなじで ある。

つる

あさがおの つるが のびる。

きや かべに まきついて のびる くさの くき。

つる

おおきな たいを つる。

はりの ついた いとを たらして、さかなを ひっかけて つかまえる。

つるす

てるてるぼうずを つるす。

ひもで うえから ぶらさげる。

つれもどす

いもうとを つれもどす。

もと いた ところに かえらせる。

つれる

いぬを つれて さんぽに いく。

いっしょに いく。

テ て

であう
おおきな いぬに であう。

てあて
けがの てあてを する。

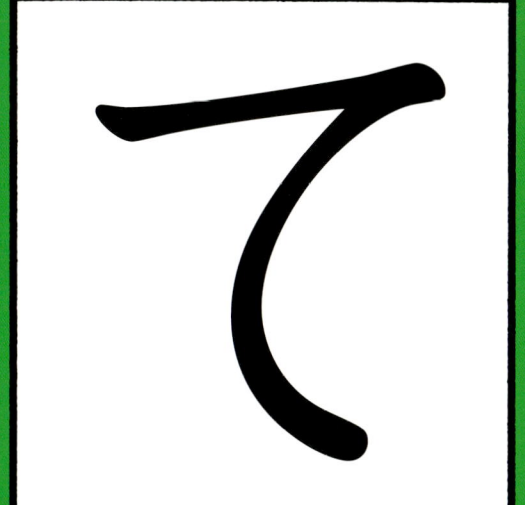

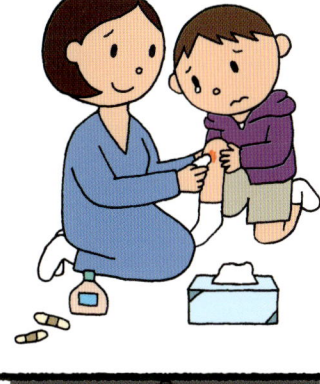

けがを した ところに くすりや ばんそうこうを つける こと。

おもって いなかった ときに ひとや ものに あう。

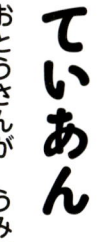

ていあん
おとうさんが うみに いこうと ていあん する。

じぶんが いいと おもった かんがえを、みんなに はなす こと。

ていでん
ていでんで まっくらに なる。

いえに おくられて くる でんきが とまって しまう こと。

て

ていねい
ふくを ていねいに たたむ。

たいせつに おもいながら、きちんと する ようす。

テープ
テープを きって ゴールする。

ビニールや かみで できた うすくて ほそながい ひも。

ていりゅうじょ
ていりゅうじょに バスが きた。

バスが とまって、おきゃくさんが のったり おりたり する ところ。

でかける
おとうさんが かいしゃに でかける。

うちを でて どこかに いく。

てがみ
おばあちゃんに てがみを かく。

はなしたい ことを かみに かいて ひとに おくる もの。

てがら
ももたろうの てがらを ほめる。

ひとから ほめられるような りっぱな はたらき。

てき
てきに ボールを あてる。

たたかう あいて。

↕ みかた

できあがる
すなの おしろが できあがる。

つくって いる ものが ぜんぶ できる。

できごと
きょうの できごとを おかあさんに はなす。

あった こと。

できたて
できたての たこやきを たべる。

できた ばかりで ある こと。

できる
あたまを ぶつけて たんこぶが できる。

いままで ない ものが つくられる。

できる
ぼくは さかだちが できる。

なにかを する ちからが ある。

でぐち
でぐちが みえて きた。

たてものなどの なかから そとに でる ところ。

↕ いりぐち

てこずる
おいしゃさんが ちゅうしゃに てこずる。

なかなか できなくて くろう する。

でこぼこ
でこぼこの みちを はしる。

でっぱったり ひっこんだり して、たかさが おなじで ない ようす。

てごわい
かなり てごわい あいてだ。

つよくて なかなか かてそうに ない かんじ。

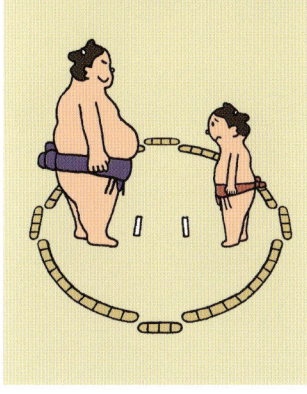

て

デザート
デザートは プリンだ。 
しょくじの さいごに たべる くだものや おかし。

てさぐり
はこの なかみを てさぐり する。 
みえない ものを てで さがす こと。

てじな
ともだちに てじなを みせる。 
いろんな どうぐを つかって ふしぎな ことを して みせる こと。

でしゃばる
おとなの はなしに こどもが でしゃばる。 
じぶんの ことでは ないのに むりに なかまに はいろうと する。

でたらめ
ほんを でたらめに ならべる。
ただしいか ただしく ないかを よく かんがえない こと。

てつだう
おとうさんを てつだう。 
ほかの ひとの しごとを たすける。

てつだい → おてつだい

でっぱる
おかあさんの おなかが でっぱる。 
ある ところだけ おおきく まえに でて いる。

てっぺん
ジャングルジムの てっぺんで てを ふる。 
いちばん うえの ところ。

て

てっぽう
りょうしが てっぽうで とりを ねらう。

てつの たまが とびだす あぶない どうぐ。

デパート
てパートに かいものに いく。

いろいろな ものを うって いる おおきな おみせ。

てぶくろ
てぶくろを すると あたたかい。

さむい ときに てに はめる もの。

てほん
てほんを みて じを かく。

みて まねを すると よい、ものや ひと。

てまえ
てまえの ジュースを とる。

じぶんに ちかい ほう。

てらす
かいちゅうでんとうで きを てらす。

ひかりを あてて あかるく する。

てまねき
いぬを てまねき して よぶ。

てで おいでおいでを する こと。

てる
つきが あかるく てる。

たいようや つきが あかるく ひかる。

でる

もぐらが あなから でる。

なかから そとに いく。

↕ はいる

てるてるぼうず

のきに てるてるぼうずを つるす。

いい おてんきに なるように ねがって つるす にんぎょう。

てれくさい

てを つなぐのは てれくさい。

なんだか はずかしい ようす。

てれる

たくさん ほめられて てれる。

なんだか はずかしいと おもう。

てわけ

てわけを して いすを はこぶ。

たくさんの しごとを みんなで わけて する こと。

てん

てんと てんを せんで むすぶ。

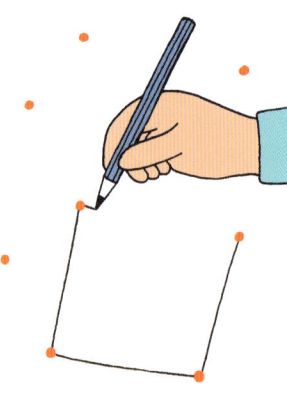

ちいさい ぽちっと した しるし。

てんき

きょうの てんきを にっきに かく。

はれ、くもり、あめ、ゆきなどの そらの ようす。

てんき

てんきの ひには ふとんを ほす。

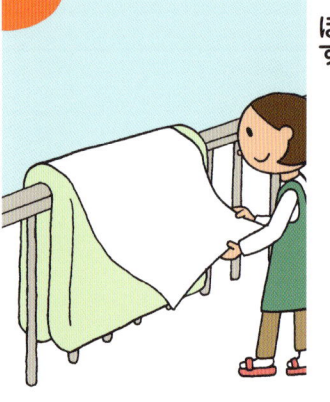

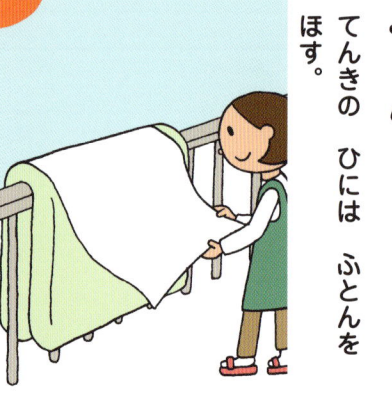

はれて いる こと。

でんき

この せんぷうきは でんきで うごく。

きかいを うごかしたり ひかりや ねつを だしたり する ちからの もと。

てんきよほう

あしたの てんきよほうは ゆきだ。

いまより さきの てんきを どう なるか しらせる こと。

てんぐ

やまに てんぐが あらわれる。

あかい かおと たかい はなを もつと いわれて いる、ほんとうは いない いきもの。

てんじょう

てんじょうに はえが とまる。

へやの うえに はって ある いた。

でんせん

でんせんに すずめが ならぶ。

でんきを おくって いる ほそながい ひも。

でんち

かいちゅうでんとうに でんちを いれる。

でんきを つくる ための ちいさな どうぐ。

でんちゅう

いぬが でんちゅうに ぶつかる。

でんせんを ささえる ために みちに たって いる はしら。

テント

きょうは テントで ねる。

そとで ねる ために ビニールや ぬので くみたてて つくる こや。

ト と

どうぐ
かなづちは くぎを うつ どうぐだ。 
なにかを つくる ときに つかう もの。

とうげ
とうげで ひとやすみ する。 
やまみちで、のぼりが おわって くだりの さかが はじまる ところ。

どうさ
かめは どうさが ゆっくりだ。 
なにかを する ときの からだの うごかしかた。

どうして
どうして とりは そらを とべるの。 
わけを きく ときに つかう ことば。

とうさん → **おとうさん**

とうだい
とうだいの あかりが みえる。

よるに ひかりを だして、ふねに ばしょを しらせる たてもの。

とうちゃく
やまの ちょうじょうに とうちゃく する。

いこうと して いる ところに つく こと。

↕ しゅっぱつ

とうとい
かんごしさんの しごとは とうとい。

りっぱで とても たいせつで ある ようす。

とうとう
とうとう ロボットが できあがる。

いろんな ことを した あとの おしまいに。

どうどう
どうどうと うたを うたう。

こわがったり はずかしがったり しないで、しっかりと して いる ようす。

とうふ
とうふに しょうゆを かける。

だいずから つくる しろくて やわらかい たべもの。

→ どうぶつ 255ページ

どうぶつえん
えんそくで どうぶつえんに いく。

いろいろな どうぶつを あつめて、けんぶつ できるように した ところ。

とうみん
くまは ほらあなで とうみん する。

どうぶつが あなや つちの なかで じっと して ふゆを すごす こと。

253

かば
HIPPOPOTAMUS
ヒパパタマス

ぱん だ
パンダ
PANDA
パンダ

ご り ら
ゴリラ
GORILLA
ガリラ

くま
BEAR
ベア

らい おん
ライオン
LION
ライアン

どうぶつ

●じぶんの ちからで うごいたり たべたり する いきもの。

しまうま

きりん

_{こ あ ら}
コアラ

ぞう
ELEPHANT
エラファント

_{かんがるー}
カンガルー
KANGAROO
カンガルー

とうめい

とうめいな こおりが できた。

すきとおって いる こと。

どうろ

スーパー(すーぱー)の まえに おおきな どうろが ある。

ひとや くるまが とおる みち。

とおい

ようちえんは えきから とおい。

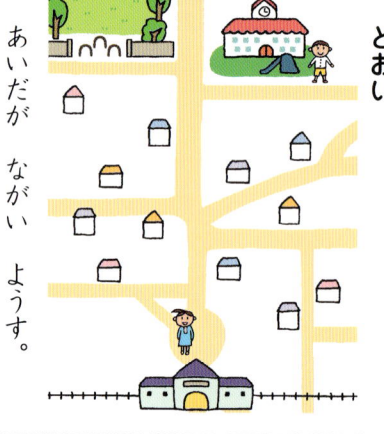

あいだが ながい ようす。

↕ ちかい

とおす

うでを そでに とおす。

なにかの なかを とおって むこうがわに だす。

とおせんぼ

てを ひろげて とおせんぼ する。

いこうと して いる ばしょを ふさいで、とおれなく する こと。

とおのく

かみなりが とおのく。

だんだんと とおくに いって しまう。

とおまわり

いぬが こわいから とおまわりを して かえる。

いくつかの みちの なかから、とおい みちを えらんで いく こと。

とおり

ずかんで みた とおりの もようだ。

そのまま おなじで あること。

とおりかかる

ともだちの いえの まえを とおりかかる。

ある ばしょを ちょうど とおる。

とおりすぎる

でんしゃが とおりすぎる。

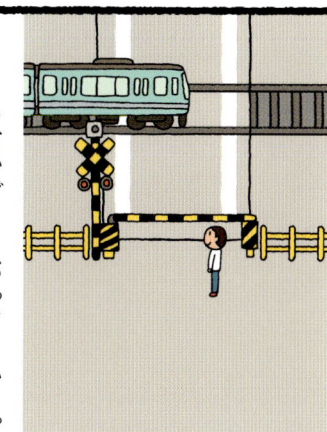

とまらないで とおって いく。

とおる

こうばんの まえを とおる。

すぎて その さきへ いく。

とかい

とかいは ひとが おおい。

たくさんの ひとが あつまって いる おおきな まち。

とかす

バターを とかす。

かたまりを やわらかく して みずのように する。

とかす

にんぎょうの かみを とかす。

かみを くしや ブラシで なでて きれいに する。

とがる

えんぴつの さきが とがる。

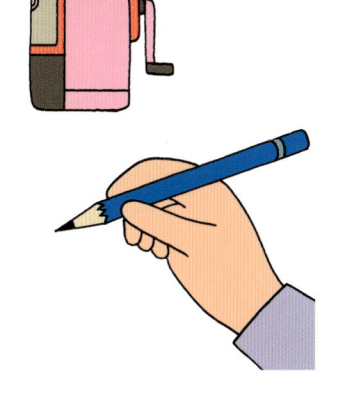

さきが ほそく はりのように なって いる。

とき

バスを おりる ときに おかねを はらう。
なにかを しようと する その じかん。

ときどき

おかあさんは ときどき コロッケを つくって くれる。
なんどか おなじ ことが おこる ようす。

どきょう

おとうとは どきょうが ある。
どんな こわい ことも こわがらない、つよい きもち。

とく

くじに あたって とくを する。
ほんとうなら もらえなかった おかねや ものが、じぶんの ものに なる こと。

↕ そん

とく

なぞなぞを とく。
よく かんがえて もんだいの こたえを だす。

どく

どくの はいった りんご。
からだに わるい もの。

どく

あぶないから うしろへ どく。
いる ところから うごいて ばしょを あける。

とくい

ぼくは けんだまが とくいだ。

じょうずに できて だれにも まけないと おもう ようす。

とくべつ

バレエ(ばれえ)は とくべつな くつを はいて おどる。

ふつうと ちがって いる ようす。

とげ

ゆびに ばらの とげが ささる。

しょくぶつや さかなに ある、みじかく とがった はりに にた もの。

とける

アイスクリーム(あいすくりーむ)が とける。

かたまりが やわらかく なって みずのように なる。

どける → のける

とける

ごぜん 0じ(れい)に まほうが とける。

なにかが きえて もとに もどる。

どこ

どこに かくれて いるのかな。

ばしょが わからない ときに つかう ことば。

ところ

こうえんは みんなが あそぶ ところだ。

なにかを する ばしょ。

とさか

あかい とさかが じまんです。

にわとりなどの あたまの うえに ついて いる、かんむりのような もの。

とし

まいごに としを きく。

うまれてから いままでの たんじょうびの かず。

とじこめる

かまきりを むしかごに とじこめる。

なかに いれて でられないように する。

どしゃぶり

あめが どしゃぶりに なる。

あめが ざあざあ たくさん ふる ようす。

としょかん

としょかんで えほんを かりる。

たくさんの ほんが あって、よんだり かりたり できる ところ。

とじる

もんを とじる。

あいて いる ものを しめる。

↕ ひらく

とたん

しらない ひとが きた とたんに いぬが ほえた。

なにかが おこったら すぐに。

とち

しかくい とちに まるい いえが たつ。

いえを たてたり、はたけを つくったり する ところ。

とちゅう

しょくじの とちゅうで ねむる。

なにかを して いて、まだ おわって いない とき。

どっさり

みかんが どっさり とどく。

たくさん ある ようす。

とつぜん

とつぜん かみなりが なる。

おもって いなかった ことが きゅうに おこる ようす。

どて

どてに きれいな はなが さく。

かわの みずが あふれない ように つちを たかく つんだ ところ。

とっく

にんきの おもちゃは とっくに うりきれだ。

ずっと まえに。

とっしん

いのししが とっしん する。

すごい いきおいで まっすぐ むかって いく こと。

どっち

パンと ごはんと どっちに しようかな。

ふたつの ものの なかから、ひとつを えらぶ ときに つかう ことば。

とても

この いしは とても おもい。

すごく。

と

とどく
こづつみが とどく。 
おくった ものが あいての ところに つく。

とどける
ピザやさんが ピザを とどける。 
ものを あいての ところまで もって いく。

ととのえる
れつを ととのえて ならぶ。 
ばらばらに なって いた ものを きちんと する。

とどろく
かみなりが とどろく。 
こわいくらい おおきな おとが とおくから きこえて くる。

トナカイ
トナカイが そりを ひく。 
しかの なかまで、えだのような つのが はえた どうぶつ。

となり
さかなやさんの となりは パンやさん。  
すぐ よこに ある ひとや もの。

どなる
こわい おじさんが どなる。 
おこったような おおきい こえで さけぶ。

とばす
かみひこうきを とばす。 
そらを とぶように する。

とびあがる
とびあがって よろこぶ。

とびおりる
へいの うえから とびおりる。

とんで したに おりる。

とびこむ
プールに とびこむ。

いきおい よく とんで はいる。

とびだす
くさむらから うさぎが とびだす。

きゅうに でて くる。

とびばこ
とびばこを とぶ。

しかくい だいを かさねた たいそうの どうぐ。

とぶ
ひこうきが そらを とぶ。

くうちゅうを すすむ。

とびら
とびらを あけて なかに はいる。

ひっぱったり おしたり して あける ドア。

とぶ

かえるが ぴょんと とぶ。

じめんを けって うえに はねる。

どぶ

どうろの よこを どぶが ながれる。

じめんを ほそながく ほって、よごれた みずを ながす ところ。

とほうにくれる

まいごに なって とほうにくれる。

どう したら いいか わからなくて こまって しまう。

とぼける

おかあさんの ケーキを たべたのに とぼける。

しって いるのに しらない ような かおを する。

とまる

おうだんほどうで くるまが とまる。

うごいて いる ものが うごかなく なる。

おじいさんと おばあさんの いえに とまる。

よるに、じぶんの うちでは ない ところで ねる。

とめる

しんごうが あかなので じてんしゃを とめる。

うごいて いる ものを うごかなく する。

ふくに リボンを とめる。

はなれない ように つける。

ともす

ろうそくに ひを ともす。

あかりを つける。

ともだち

こうえんで ともだちと あそぶ。

いつも なかよく して いる ひと。

ドライブ

みずうみまで ドライブ する。

くるまで とおくまで でかける こと。

トラック

あかい トラック。

たくさんの ものを はこぶ くるま。

トランプ

トランプで あそぶ。

ゲームや てじなに つかう 4つの もようの カード。

とり
↓
266ページ

とりあえず

とりあえず ゆかを ふこう。

いちばん さいしょに。

とりかえす

ぼうしを とりかえす。

もう いちど じぶんの ところに あるように する。

とり

● つばさを もつ どうぶつ。

みずべで みられる

- はくちょう
- あひる
- かも

いえの まわりで みられる

- はと
- つばめ
- からす
- すずめ

はやしや もりで みられる

- きつつき
- ふくろう
- わし

とりかえる
おむすびと かきの たねを とりかえる。

なにかを ほかの ものと かえる。

とりかかる
ケーキ（けーき）づくりに とりかかる。

なにかを やり はじめる。

とりかご
とりかごに おうむが いる。

とりを なかに いれて かう かご。

どりょく
さかあがりが できるように どりょく する。

じょうずに できるように とても がんばる。

とる
ほんだなから えほんを とる。

ものを じぶんの ところに つかんで もって くる。

とる
おとうとの おやつを とる。

むりやり ひとの ものを じぶんの ものに して しまう。

とる
なべの ふたを とる。

あった ものを はずす。

とる
きの みを とる。

みや はなを さがして あつめる。

と

とる 
おとうさんが しゃしんを とる。

カメラを つかって しゃしんに する。

とれる
かさの えが とれる。

くっついて いた ものが はなれる。

どれ 
どれに しようかな。

たくさんの なかから ひとつを えらぶ ときに つかう ことば。

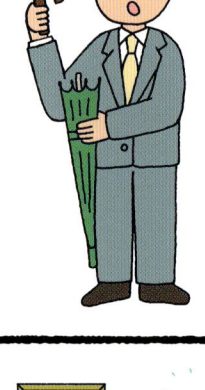

どろ 
どろで だんごを つくる。

みずの まじった やわらかい つち。

どろぼう 
どろぼうが えを ぬすむ。

ほかの ひとの ものを とる わるい ひと。

どんぐり 
どんぐりを ひろう。

ちゃいろの かたい かわに つつまれた きの み。

トンネル
れっしゃが トンネルに はいる。

やまの なかや じめんの したを ほって つくった みち。

ナ な

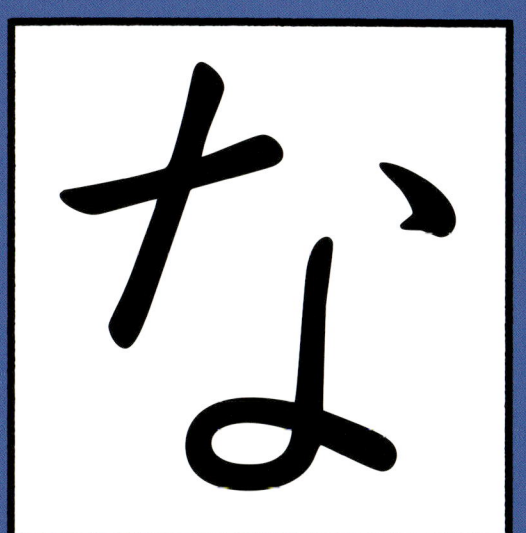

ない
くつが かたほう ない。

ものが どこにも みえない ようす。

↕ ある

ないしょ
おかあさんには ないしょだよ。

ほかの ひとに おしえない こと。

なえ
いねの なえを うえる。

めが でて、すこし おおきく なった きや くさ。

なおす
おいしゃさんは びょうきを なおす。

からだの わるく なった ところを よく する。

なおす

あなが あいた やねを なおす。

ものの わるく なった ところを よく する。

なおる

こわれた おもちゃが なおる。

ものの わるく なった ところが よく なる。

なおる

かぜが なおる。

からだの わるく なった ところが よく なる。

なか

ふくろの なかに あめが ある。

いれものや たてものの うちがわ。

↕ そと

なか

なかが いい かぞく。

ひとと ひとが おたがいに あいてを おもう きもち。

ながい

ゆうがたは かげが ながい。

はしから はしまでの あいだが おおきい。

↕ みじかい

ながい

バスを まって いる じかんが ながい。

じかんが おおい ようす。

↕ みじかい

ながぐつ

ながぐつを はいて みずたまりで あそぶ。

あめの ひに はく、ゴムで できた、ひざの したくらいまで ある くつ。

ながす
みずを ながす。

みずが いく ほうに いかせる。

ながそで
ながそでの シャツ。

そでが てくびまで ある ふく。

なかなおり
なかなおりの あくしゅ。

けんかを やめて いつも どおりに なる こと。

なかま
なかまが ふえた。

なにかを いっしょに する ひと。

なかまはずれ
ともだちを なかまはずれに しては いけません。

わざと いっしょに しない こと。

ながめ
ながめの いい へや。

とおくに みえる、まちや やまや うみの ようす。

ながめる
でんしゃの まどから うみを ながめる。

ひろがって いる けしきを とおくまで みる。

なかよし
ゆきちゃんと わたしは なかよしだ。

いっしょに よく あそぶ すきな ひと どうしの こと。

ながれぼし

ながれぼしは すぐ きえる。

よるの そらを さっと ななめに おちて いく ほしの かけら。

ながれる

きの はが かわを ながれる。

みずや かぜと いっしょに どこかに いく。

なきごえ

あかちゃんの おおきな なきごえ。

にんげんが ないて いる こえ。

なきごえ

ぶたの なきごえが きこえる。

どうぶつや むしの こえ。

なきむし

いもうとは なきむしだ。

すぐ なく こども。

なく

ころんで なく。

いたかったり かなしかったり して なみだを だす。

なく

ねこが にゃあと なく。

どうぶつや むしが こえを だす。

なぐさめる

ともだちを なぐさめる。

かなしい きもちの ひとに やさしく する。

なくす
ボタンを ひとつ なくす。

ものが どこに あるのか わからなく なる。

なくなる
ケーキが なくなる。

あった ものが どこかに きえて しまう。

なぐる
けんかを して おとうとを なぐる。

ぐうの てで ぶつ。

なげく
こどもが いない ことを なげく。

かなしかったり つらかったり する きもちを ことばに して いう。

なげる
ボールを なげる。

てで とおくに とばす。

なさけない
けんかばかり して なさけない。

こうで あって ほしいなと おもう ことと ちがって、がっかり する ようす。

なぜ
なぜ そらは あおいの。

わけを きく ときに つかう ことば。

なぞ
うちゅうには なぞが おおい。

だれにも わからない こと。

なぞなぞ

なぞなぞを いう。

こたえを かんがえさせる あそび。

なぞる

おてほんの せんを なぞる。

かいて ある えや じの うえから おなじように かく。

なだかい

ふじさんは なだかい やまだ。

なまえが おおくの ひとに しられて いる ようす。

なだめる

やさしい ことばで なだめる。

おこって いる きもちを もとに もどるように する。

なつ

ことしの なつは とても あつい。

はると あきの あいだの あつい きせつ。

→きせつ

なつく

いぬが ぼくに なつく。

ひとを すきに なって ちかくに きたがる。

なつやすみ

ようちえんは あしたから なつやすみだ。

なつに いつもより ながく がっこうや しごとを やすむ こと。

なでる

ねこを やさしく なでる。

ぱあの てで さする。

ななめ

こくばんに ななめの せんを ひく。

たてや よこから ずれた ほうこう。

なに

あなたは なにが ほしいの。

ものの なまえを きく ときに つかう ことば。

なべ

なべで かぼちゃを にる。

たべものを にたり ゆでたり する いれもの。

なま

この なまの さかなを さしみに する。

やいたり にたり しないで そのままの こと。

なまいき

おとうとが ぼくの いう ことを きかないのは なまいきだ。

としが したなのに えらそうに する ようす。

なまえ

この いぬの なまえは しろです。

ものや ひとの よびかた。

なまける

おにいさんが べんきょうを なまける。

やらなくては いけない ことを しない。

なみ

おおきな なみが くる。

うみや かわで、ゆれながら うごく みず。

なみき
いちょうの なみき。

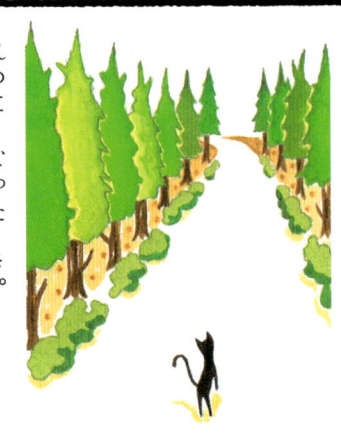

なみだ
なみだを ながして わらう。

めから でる みず。

なみだぐむ
くやしくて なみだぐむ。

なみだが でて、めから こぼれそうに なる。

なめらか
うさぎの せなかは なめらかだ。

やわらかくて よく すべる かんじ。

なめる
いぬが てを なめる。

したで ぺろぺろ する。

なやむ
だれと けっこん するか なやむ。

どう したら いいかと あれこれ かんがえる。

ならう
ギターの ひきかたを ならう。

せんせいに ついて まなぶ。

ならす
すずを ならす。

おとを だす。

ならぶ

いちれつに ならぶ。

れつを つくる。

ならべる

おはじきを ならべる。

なにかを れつに する。

なる

おたまじゃくしが かえるに なる。

まえと ちがう ふうに かわる。

なる

めざましどけいが なる。

おとが する。

なる

きに みかんが なる。

みが できる。

なれなれしい

なれなれしい ねこだ。

ほんとうは ちがうのに、ずっと まえから なかよしで いるみたいに する ようす。

なれる

はさみを つかうのに なれる。

なんども やって うまく できるように なる。

なんきょく

ペンギンは なんきょくに すむ。

ちきゅうの いちばん みなみに ある ところ。

↕ ほっきょく

に

にあう
きものが とても よく にあう。

ぴったり した かんじが する。

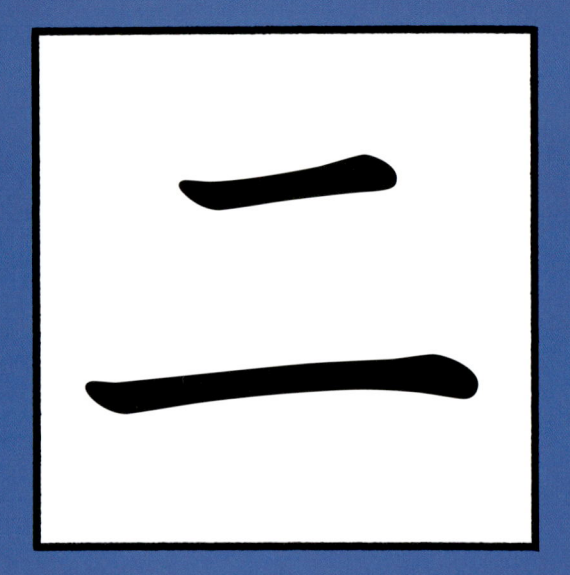

にいさん → おにいさん

におい
カレーの におい。

はなで かんじる みえない もの。

におう
ゆりの はなが におう。

においが する。

にがい
まっちゃは とても にがい。

したや のどが いたいような あじの する ようす。

にがす
かぶとむしを にがす。

つかまえた ものを じゆうに して やる。

にがて
なわとびは にがてだ。

うまく できなくて すきで ない こと。

にぎやか
にぎやかな いえ。

ひとが たくさん あつまって たのしそうな ようす。

にぎる
てすりを しっかりと にぎる。

ての ゆびを まげて つかむ。

にぎわう
にちようびは デパートが にぎわう。

ひとが たくさん あつまって たのしそうな ようすに なる。

にく
フライパンで にくを やく。

どうぶつの かわと ほねの あいだに ある やわらかい ぶぶん。

にくい
にくい おにを たいじ しよう。

じぶんに わるい ことを した あいてを ゆるせない ようす。

にくむ

かには いじわるな さるを にくむ。

よく ない ことを されて ひどいと おもう。

にくらしい

いたずらばかり する にくらしい たぬきだ。

ひとを おこらせるような ようす。

にげる

おにから にげる。

つかまらないように どこかへ いく。

にごる

バケツの みずが にごる。

なにかが まざって すきとおらなく なる。

↕ **すむ**

にし

にしに むかう。

たいようが しずむ ほうがく。

↓ **ほうがく**

にじ

きれいな にじが かかる。

あめが やんだ あとに そらに みえる ひかりの おび。

にじむ

インクが にじむ。

しみこんで ひろがる。

280

にせもの

かざって あるのは にせものだ。

ほんものを まねして つくった もの。

↕ ほんもの

にもつ

にもつを あずける。

はこんだり おくったり するもの。

にゅういん

にゅういんした ともだちに あいに いく。

びょうきや けがを なおす ために びょういんに とまる こと。

↕ たいいん

にゅうがく

しょうがっこうに にゅうがくする。

べんきょうを する ために がっこうに はいる こと。

↕ そつぎょう

ニュース

きょうの ニュース。

あたらしい しらせ。

にゅうどうぐも

おおきな にゅうどうぐも。

なつの そらに でる もこもこ した わたあめのような おおきい くも。

にらむ

けんかの あいてを にらむ。

こわい めで じっと みる。

にる

こどもは おやに にる。

おなじ ようすに なる。

にる

なべで さかなを にる。

たべものを なべに いれて、ひで あたためて たべられるように する。

にわかあめ

さんぽの とちゅうで にわかあめに あう。

きゅうに ふって きて、すぐ やむ あめ。

にんき

にんきが ある かしゅ。

すきだと おもって いる ひとが たくさん いる こと。

にんぎょう

にんぎょうで あそぶ。

にんげんの かたちを した おもちゃや かざり。

にんげん

にんげんは 2ほんの あしで あるく。

ひと。

ヌ ぬ

ぬいぐるみ
くまの ぬいぐるみ。

ぬのを ぬって つくった どうぶつや にんぎょう。

ぬう
はりで ぞうきんを ぬう。

いとを とおして ぬのを くっつけて つくる。

ぬかる
みちが あめで ぬかる。

あめで じめんが どろどろに なる。

ぬかるみ
タイヤが ぬかるみに はまる。

どろどろに なった じめん。

ぬく
だいこんを ぬく。

ものを ひっぱって とる。

ぬぐ
うわぎを ぬぐ。

ふくや くつなどを からだから とる。

ぬけがら
せみの ぬけがら。

むしや へびが、いらなく なって すてた かわ。

ぬける
かみが すっかり ぬける。

はえて いた ものが とれる。

ぬげる
かぜに とばされて ぼうしが ぬげる。

くつや ふくが しぜんに からだから とれる。

ぬすむ
どろぼうが おかねを ぬすむ。

ひとの ものを かってに もって いく。

ぬの
はさみで ぬのを きる。

いとで おった、うすくて ひらたい もの。

ぬま
ぬまで さかなを つる。

そこに どろが たまった、あまり ふかく ない みずうみ。

ぬらす
かみを ぬらす。

みずを つける。

ぬりえ
ぬりえを する。

いろを ぬって あそぶ、せんだけの え。

ぬる
とりごやに ペンキを ぬる。

ふでなどで うすく ひろげるように つける。

ぬるい
ぼくは ぬるい おふろが すきだ。

おゆや のみものが あつく ない。

ぬれる
いぬが あめに ぬれる。

みずが いっぱい つく。

ネ ね

ね
ねを おおきく
ひろげた き。

しょくぶつが
つちから えいようや
みずを すう ところ。

ねえさん → おねえさん

ねがう
ケーキやさんに
なれますようにと ねがう。

あんな ふうに なると
いいなと おもう。

ねがお
あかちゃんの ねがお。

ねむって いる ときの かお。

ねかす
あかちゃんを ねかす。 
ねむらせる。

ねごと
ねごとを いう。 
ねむりながら いう ことば。

ねじる
ぬれた タオルを ねじって しぼる。  
ちからを いれて ひねって まわす。

ねじれる
スカートの ひもが ねじれる。 
ひねったように まがる。

ネクタイ
おとうさんは ネクタイを しめて かいしゃに いく。
シャツの くびの ところに むすぶ かざりの ぬの。

ねころぶ
くさの うえに ねころぶ。
ごろりと ねる。

ねぞう
ねぞうが わるい。
ねむって いる ときの かっこう。

ね

ねそべる
ねそべって ほんを よむ。
ねて からだを のばす。

ねだん
この ガムの ねだんは ひゃくえんです。
ものを かったり うったり する ための、おかねの りょう。

ねばる
なっとうが ねばる。
ねばねば する。

ねぼける
ねぼけて ふくを まちがえて きる。
おきたばかりで ぼんやり する。

ねだる
おかあさんに おかしを ねだる。
だめだと いわれそうな ことを、あまえて たのむ。

ねつ
たかい ねつが でる。
からだの あつさ。

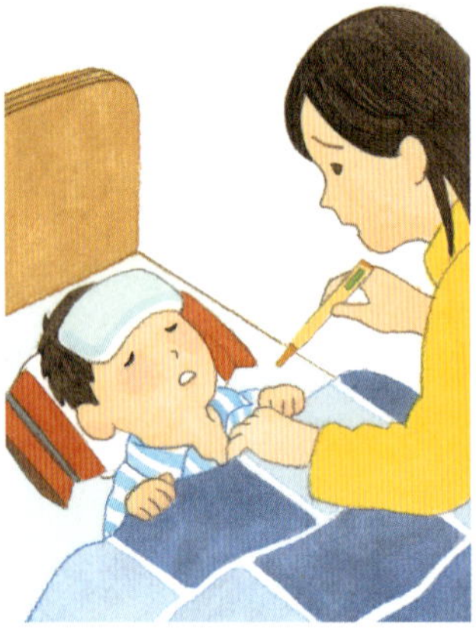

ネックレス → くびかざり

ねぼう
ねぼう する。
あさ おそくまで ねて いる こと。

ねまき
おふろから でた あとは ねまきに きがえる。
ねむる ときに きる きもの。

288

ねむい

ごはんを たべた あとは ねむい。

めを とじて やすみたく なる。

ねむる

あかちゃんは よく ねむる。

めを とじて うごかないで、からだや こころを やすませる。

ねらう

まとの まんなかを ねらう。

ものを、あてたい ところに あてようと する。

ねる

ひきにくを てで ねる。

まぜて ねばねば するように する。

ねる

ベッドに ねる。

からだを たおして よこに する。

ねんがじょう

ねんがじょうが とどく。

あたらしい としの あいさつを かいて おくる はがき。

ねんど

ねんどを こねる。

ねばねば する つち。

ノの

のき
のきに つららが さがる。
やねの、そとがわに でて いる ぶぶん。

のけぞる
うしろに のけぞる。
かおを うえに むけて、せなかを まげる。

のける
ほんを のける。
いらない ものを よそに うつす。

のこぎり

のこぎりで きを きる。

きを きるのに つかう、ぎざぎざの はが ついた どうぐ。

のこす

にんじんを のこす。

そのまま おいて おく。

のこり

のこりは みっつ ある。

なくならないで そこに ある もの。

のこる

ふたつ たべると ひとつ のこる。

なくならないで そこに ある。

のせる

かごを だいに のせる。

ものを なにかの うえに おく。

のぞく

となりの へやを のぞく。

こっそり みる。

のぞみ

おまえの のぞみを かなえて やるよ。

そう なると いいなと おもって いる こと。

ノック

トイレの ドアを ノックする。

げんこつで かるく たたいて おとを だす。

のどか

のどかな むら。

しずかで きもちが のんびり する ようす。

のばす

うでを のばして あくびを する。

まがって いる ものを まっすぐに する。

⇅ まげる

のはら

ちょうが のはらを とびまわる。

くさが いっぱい はえて いる ひろい ところ。

のびる

もちが のびる。

まえより ながく なる。

⇅ ちぢむ

のぼる

さかを のぼる。

たかい ほうへ いく。

⇅ くだる

のむ

ぎゅうにゅうを のむ。

くちに いれて、のどから からだの なかに いれる。

のみもの

いろいろな のみもの。

のどが かわいた ときに のむ、おちゃや ジュース(じゅーす)などの こと。

のり
のりを つけて はる。

かみと かみを くっつける、べたべた した もの。

のり
ごはんに のりを のせる。

かいそうから つくる たべもの。

のりしろ
のりを つける ところ。

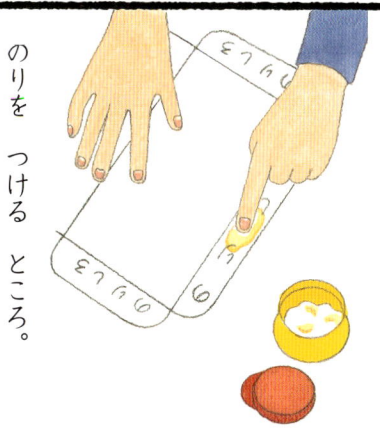

のりもの
→ 295ページ

のる
バスに のる。

のりものの なかに はいる。

↕ おりる

のる
さかなが まないたに のって いる。

なにかの うえに ある。

のろい
かたつむりの うごきは のろい。

はやさが おそい。

のんき
きりぎりすが のんきに あそぶ。

いろいろな ことを しんぱい したり あわてたり しない ようす。

のんびり
のんびりと おふろに つかる。

こころや からだが ゆっくりと やすんで いる ようす。

（とうきょうモノレール）

もの れ ー る
モノレール

しんかんせん

（N700けい のぞみ）

ちかてつ

でんしゃ
TRAIN
トゥレイン

（おおえどせん）

（ちゅうおうせん）

じてんしゃ
BICYCLE
バイシクル

じどうしゃ
CAR
カー

ば す
バス
BUS
バス

お ー と ば い
オートバイ

294

のりもの

●のれば あるかなくても どこかに いける もの。

ききゅう

ひこうき
AIRPLANE
エアプレイン
（ボーイング747）

ヘリコプター

ふね
SHIP
シップ

ヨット
YACHT
ヤット

ボート
BOAT
ボゥト

は

は
いろいろな かたちの は。

きや くさに ついて いる うすい もの。

はい
たきびの あとに はいが のこる。

ものを もやした あとに のこる もの。

パーティー(ぱーてぃー)
きょうは たのしい パーティーだ。

ひとが あつまって ごちそうを たべたり あそんだり すること。

ばあさん → おばあさん

ばいきん

てを あらって ばいきんを とる。

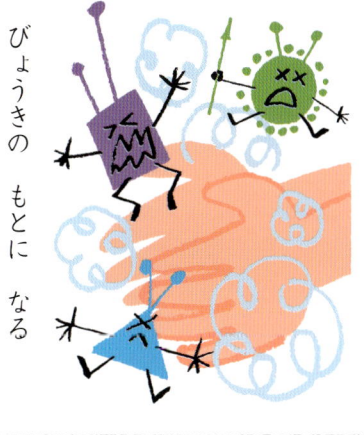

びょうきの もとに なる とても ちいさな いきもの。

はいたつ

てがみを はいたつ する。

てがみや にもつを いえに とどける こと。

はいる

トイレに はいる。

そとから なかに いく。

↕ でる

はう

あかちゃんが ゆかを はう。

からだを ひくく して、りょうてと りょうあしで すすむ。

ハイキング

やまに ハイキングに いく。

やまや のはらを あるく こと。

パイロット

ぼくの ゆめは パイロットだ。

ひこうきを うんてん する ひと。

はえる

にわに くさが はえる。

くさや かみのけが そとに でて くる。

はおる
カーディガンを はおる。

まえが あいて いる うわぎを きる。

はがき
ともだちに はがきを かく。

はか → おはか

てがみを かく しかくい かみ。

はがす
はった ものを とる。

シールを はがす。

ばかす
たぬきが おじいさんを ばかす。

べつの ものに なって あいてを だます。

はかり
ものの おもさを しらべる どうぐ。

にくを はかりに のせる。

はかる
せいの たかさを はかる。

ながさや おもさや おおきさを しらべる。

はきもの
げんかんに はきものが ならぶ。

あるく ために あしの さきに いれる もの。

はく
くちから いきを はく。
はなから からだの そとへ だす。

↕ **すう**

はく
にわの おちばを はく。 
ごみを ほうきで あつめて きれいに する。

はく
ズボンを はく。
こしから したに ふくを きたり、はきものに あしを いれたり する。

はぐ
きの かわを はぐ。  
ついて いる ものを むいて とる。

はくしゅ
みんなで はくしゅを する。 
てを ぱちぱちと たたいて ほめる。

ばくはつ
ばくだんが ばくはつ する。 
どかんと おおきな おとが して、はじけて とぶ こと。

はくぶつかん
はくぶつかんで きょうりゅうを みる。 
むかしから ある ものや だいじな ものを あつめて、しらべたり みせたり する ところ。

はぐれる
おかあさんと はぐれる。 
いっしょに いた ひとと はなれて、まいごに なる。

はげしい
はげしい あめと かぜ。

いきおいが とても つよい ようす。

バケツ
バケツに みずを いれる。

みずを いれたり はこんだり する いれもの。

はげます
おとうさんを はげます。

がんばれるように おうえんする。

はげる
かべの ペンキが はげる。

ついて いる ものが とれて なくなる。

ばける
たぬきが おんなの ひとに ばける。

ひとを だます ために べつの ものに なる。

はこ
おかしの はいった はこ。

そこと、よこに かべが ある いれもの。

はこぶ
みずの はいった バケツを はこぶ。

ものを もって べつの ところへ うごかす。

はさまる
かばんが ドアに はさまる。

ものの あいだに はいって うごけなく なる。

はさむ

タオルを せんたくばさみで はさむ。

あいだに ものを いれて うごかないように する。

はし

はしの したに かわが ながれる。

ひとや くるまが かわを わたる ための みち。

はし

ベンチの はしに すわる。

まんなかから いちばん とおい ところ。

はし

はしで ごはんを たべる。

たべものを はさんで たべる ための、2ほんの ほそい ぼう。

はじく

おはじきを はじく。

ゆびの さきで ものを ぱちんと とばす。

はじける

ジュースの あわが はじける。

ぱちぱちと いきおい よく とびだす。

はしご

はしごを のぼる。

のぼったり おりたり する ための どうぐ。

はじまる

いまから げきが はじまる。

あたらしく なにかが うごき だす。

↕ おわる

301

は

はじめ
はっぴょうかいの はじめに あいさつを する。

なにかを する ときの いちばんめ。

↕ おわり

はじめて
はじめて ひとりで おつかいに いく。

いままで なかった ことが おこる ようす。

はじめる
せんせいが かみしばいを はじめる。

いままで して いなかった ことを やりだす。

はしゃぐ
ぬいぐるみを もらって はしゃぐ。

わらいながら たのしそうに さわぐ。

パジャマ
パジャマに きがえる。

ねむる ときに きる ふく。

ばしょ
ここは じてんしゃを おく ばしょです。

ものを おいたり なにかを したり する ところ。

はしら
この へやには ふとい はしらが ある。

いえの やねや かべを ささえる ために、まっすぐに たてた き。

はしる
はやく はしる。

あしや くるまを つかって、はやく べつの ところに うごく。

バス

バスに のって とおくへ いく。

たくさんの ひとが のれる おおきな じどうしゃ。

はずかしい

ひとの まえで ピアノを ひくのは はずかしい。

かおが あかく なって、かくれたく なる かんじ。

はずす

でんきゅうを はずす。

ついて いた ところから とる。

はずむ

ボールが はずむ。

いきおい よく ぽんぽんと はねて うごく。

はずれ

はずれの くじを ひく。

ねらったり おもったり した とおりに ならない こと。

↕ あたり

はずれる

ピンが かべから はずれる。

くっついて いた ものが はなれる。

はずれる

やが まとから はずれる。

ねらった とおりの ところに いかない。

↕ あたる

はた

はたを ふる。

ぼうの さきに ぬのや かみを つけて、しるしや あいずに つかう もの。

はだ

はだの いろが ちがう。

からだの おもての かわの ぶぶん。

バター

パンに バターを ぬる。

ぎゅうにゅうから とった あぶらを かためた たべもの。

はだか

はだかに なって おふろに はいる。

なにも ふくを きて いない からだ。

はたく

はたきで ほこりを はたく。

てや ぬので ぱんぱんと たたいて おとす。

はたけ

はたけで やさいを そだてる。

やさいや くだものを つくる ばしょ。

はだし

はだしで あるく。

なにも はいて いない あし。

はたらく

おかあさんは パンやさんで はたらく。

しごとを する。

ばち

わるい ことを すると ばちが あたるよ。

ひとが わるい ことを した ために、かみさまが あたえる おしおき。

はちきれる
つめこみすぎて ふくろが はちきれる。

なかみが いっぱいに なって やぶれる。

はちみつ
ホットケーキに はちみつを かける。

みつばちが はなから あつめて くる みつ。

ばつ
どろぼうが ばつを うける。

ひとが わるい ことを した ために うける おしおき。

はっきり
じぶんの としを はっきり いう。

わかりやすい ようす。

はっけん
あたらしい ちょうを はっけん する。

しられて いなかった ものを みつける こと。

バット
バットを おおきく ふる。

やきゅうや ソフトボールで つかう、ボールを うつ ぼう。

はっぱ → は

はっぴょう
みんなの まえで はっぴょう する。

たくさんの ひとに しらせる こと。

はつめい
あたらしい きかいを はつめい する。

だれも つくった ことの ない、きかいや どうぐを つくる こと。

パトカー

パトカーが やって くる。

おまわりさんが しごとに つかう じどうしゃ。

はな
→ 309ページ

はなし

せんせいの はなしを きく。

ひとが いったり かいたり した こと。

はなしあう

じゅんばんを きめる ために はなしあう。

みんなで かんがえを いって、いっしょに そうだん する。

はなしかける

おとうさんに はなしかける。

ひとに はなしを はじめる。

はなす

そらに とりを はなす。

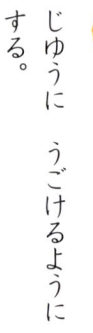

じゆうに うごけるように する。

はなす

おかあさんと はなす。

ことばで いう。

はなす

コップを しゃしんから はなす。

あいだを あけて とおく する。

はなたば

おばあさんに はなたばを あげる。

たくさんの はなを ひとつに まとめた もの。

はなび
よぞらに おおきな はなびが あがる。

ひを つけると ぱっと ひろがる、きれいな いろを した ひの かけら。

はなびら
はなびらが ちる。

はなに ついて いる、うすくて きれいな もの。

はなればなれ
くまの おやこが はなればなれに なる。

いっしょに あった ものが、わかれて ばらばらに なる こと。

はなれる
おにいさんの そばから はなれる。

いっしょに いた ほうの どちらかが、とおくに いく。

はにかむ
せんせいの まえで はにかむ。

はずかしそうな かおを する。

はね
はねを ひろげて とぶ。

とりや むしや ひこうきが、とぶ ときに つかう もの。

ばね
ばねの ついた おもちゃ。

はりがねを くるくる まいて はねるように した もの。

はねる
うさぎが はねる。

ぴょんぴょん とぶ。

はは → おかあさん

あさがお

なつに さく

ひまわり

あじさい

おしろいばな

あきから ふゆに さく

すいせん

つばき

きく

コスモス

はな

● くさや きに きれいに さく ぶぶん。

はるに さく

チューリップ

たんぽぽ

すみれ

れんげそう

なのはな

しろつめくさ

クロッカス

はば

はばの せまい みち。

はばたく

とりが はばたく。

はねを ばたばたと おおきく うごかして とぶ。

パ(ば) → おとうさん

はま

はまで かいを ひろう。

うみや みずうみの みずに ちかい、すなの ある ところ。

はまる

さいごの ひとつが はまる。

あなに ぴったりと あう。

はみがき

たべた あとには はみがきを する。

はブラシで はの そうじを する こと。

はみだす

ハムが パンから はみだす。

なかから そとに すこし でて しまう。

ハム

ほうちょうで ハムを きる。

にくを、しおで つけたり けむりに あてたり した たべもの。

はめる

ゆびに ゆびわを はめる。

ぴったりと あうように つける。

はやい
おかあさんは あさ おきるのが はやい。

じかんが まえの ほうで あるようす。

↕ おそい

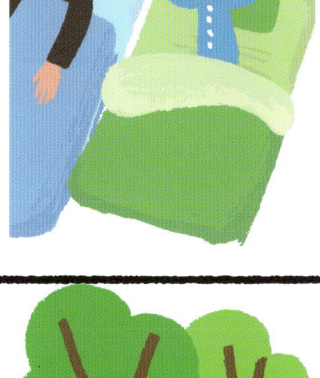

はやおき
まいにち はやおきを する。

あさ はやく おきる こと。

はやし
はやしの なかを あるく。

きが たくさん はえて いる ところ。

はらう
ふくに ついた ゆきを てで はらう。

くっついて いる ものを ぱたぱたと たたいて とる。

はやい
でんしゃは くるまより はしるのが はやい。

じかんが かからない ようす。

↕ おそい

はやる
あおい ぼうしが はやる。

たくさんの ひとが おなじ ことを するように なる。

はらう
おみせで おかねを はらう。

かいものの おかねを わたす。

はらがたつ
おもちゃを こわされて はらがたつ。

ぷんぷんと おこりたい きもちに なる。

はらっぱ
はらっぱを はしる。

くさが はえて いる ひろい ところ。

ばらばら
ブロックを ばらばらに する。

あつまって いた ものが あちこちに はなれる ようす。

ばらまく
じめんに えさを ばらまく。

あちこちに まく。

バランス
バランスを とって へいきんだいを わたる。

みぎと ひだりが、ちょうど よい おもさに なる こと。

はり
はりと いとで ふくろを ぬう。

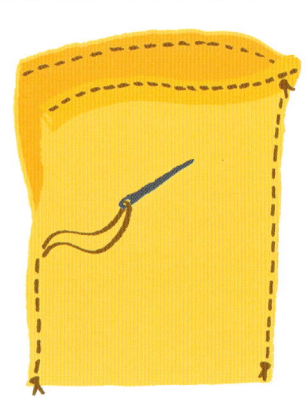

ものを ぬう ための どうぐ。

はりきる
うんどうかいは みんな はりきる。

がんばろうと げんきに なる。

はる
はるに なると たくさんの はなが さく。

ふゆと なつの あいだの あたたかい きせつ。

→きせつ

はる
ひざに ばんそうこうを はる。 
うすい ものを ぴたっと つける。

はるか
はるか とおくに やまが みえる。 
とても はなれて いる ようす。

はるばる
わたりどりは はるばる うみを こえて やって くる。 
とても とおく はなれた ところから。

はれ
きょうは はれだ。 
そらが あおくて くもが ない こと。

はれつ
ふうせんが はれつ する。 
ぱんと いきおい よく やぶれる こと。

はれる
はちに さされて うでが はれる。 
からだの どこかが ふくらんで いたく なる。

はれる
あめが あがって そらが はれる。
くもが なくなって、あおい そらが みえる。

ばれる
おおかみの うそが ばれる。 
うそや ひみつが しられて しまう。

ばん

この おみせは あさから ばんまで あいて いる。

よるの、ひとが まだ おきて いる じかん。

ばん → じゅんばん
→ いちにち

パン

いろいろな かたちの パン。

こむぎこを こねて やいて つくる たべもの。

ハンガー

ハンガーに ワンピースを かける。

ふくを かける ための どうぐ。

ハンカチ

ハンカチで あせを ふく。

かおや てを ふく ための ちいさな ぬの。

パンク

じてんしゃの タイヤが パンクする。

タイヤが やぶれて くうきが もれる こと。

はんこ

かみに はんこを おす。

インクを つけて、かみに おしつけて しるしを つける どうぐ。

ばんざい

みんなで ばんざいを する。

りょうてを うえに あげて よろこぶ こと。

はんせい

いもうとを いじめた ことを はんせい する。

じぶんが した ことが、よいか わるいかを かんがえる こと。

はんそで

はんそでの シャツ。

そでが ひじより みじかい ふく。

はんたい

ひとりだけ はんたいの ほうに すすむ。

ほかと ぎゃくの こと。

はんたい

やまに いく ことに はんたい する。

ほかの ひとが いった ことに、そうでは ないと いう こと。

↕ さんせい

ハンドバッグ

ハンドバッグを もって でかける。

おんなの ひとが もつ ちいさい かばん。

ハンドル

ハンドルを まわして ひだりに まがる。

のりものを うごかす ために にぎる ぶぶん。

はんにん

はんにんは すぐ つかまった。

じけんを おこした わるい ひと。

はんぶん

すいかを はんぶんに きる。

おなじ おおきさに ふたつに わけた ときの かたほう。

ハンモック

ハンモックの うえで ねる。

きと きの あいだに つるした、あみや ぬので つくった ベッド。

ヒ ひ

ひ
まどから ひの ひかりが さしこむ。

たいよう。

ひ
マッチで ひを つける。

ねっと ひかりを だして もえる もの。

ひえる
ゆきの なかで あそんで からだが ひえる。

いつもより つめたく なる。

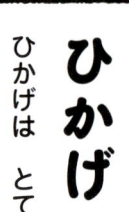

ひかげ
ひかげは とても すずしい。

ものの かげに なって、たいようの ひかりが あたらない ところ。

↕ **ひなた**

ひがさ
しろい レースの ひがさ。

たいようの ひかりが あたらないように する ための かさ。

ひがし
あさひが ひがしから のぼる。

たいようが のぼる ほうがく。

→ ほうがく

ひがむ
おにいさんより ちいさくて ひがむ。

ひとの ほうが よく みえて、じぶんだけが よく ないように おもって しまう。

ひからびる
みかんの かわが ひからびる。

かわいて ぱさぱさに なって しまう。

ひかり
つきの ひかりが あかるい。

まわりを あかるく てらす もの。

ひかる
そらに ほしが ひかる。

きらきらと ひかりを だす。

ひきかえす
みちを まちがえて ひきかえす。

いままで きた みちを もどる。

ひきずる
もうふを ひきずる。

じめんや ゆかの うえを ずるずると ひっぱる。

ひきょう

ちいさい こを いじめるのは ひきょうだ。

ゆうきが なくて、やる ことが ずるい ようす。

ひく

さかなの はいった あみを ひく。

じぶんの ちかくに くるように、ちからを いれて うごかす。

⇅ おす

ひく

ギターを ひく。

てを つかって がっきから おとを だす。

ひく

くるまが あきかんを ひく。

くるまが ものの うえを とおって つぶして いく。

ひくい

おかあさんは おとうさんより せいが ひくい。

ほかと くらべて したの ほうに ある ようす。

⇅ たかい

ピクニック

かぞくで ピクニックに いく。

おべんとうを もって、もりや みずうみなどに あそびに いく こと。

ひぐれ

ひぐれ まえに うちに かえろう。

たいようが しずむ じかん。ゆうがたの じかん。

ひげ

おじいさんは ひげを のばして いる。

くちの まわりや あごに はえた け。

ひさし

ひさしの したで あまやどりを する。

いえの まどや げんかんの うえに でて いる、ちいさい やね。

ひざし

ひざしが つよくて とても あつい。

つよく てる たいようの ひかり。

ひさしぶり

いとこに あうのは ひさしぶりだ。

まえに あった ときから、ながい じかんが たって いる ようす。

びじゅつかん

びじゅつかんで すばらしい さくひんを みる。

えや ちょうこくを あつめて、たくさんの ひとに みせる ところ。

びしょぬれ

いけで あそんで びしょぬれに なる。

たくさん ぬれる こと。

ひたす

いけに あしを ひたす。

みずの なかに つける。

ひだり

とけいの ひだりに まどが ある。

とけいの すうじの 3と 9で、9の ある ほう。

→ むき
↕ みぎ

ひっかかる

たこが きに ひっかかる。

つきでた ところに あたって うごかなく なる。

ひっかける

ぼうしを いすに ひっかける。

つきでた ものに かけて ぶらさげる。

ひっかく

ねこが つめで はしらを ひっかく。

とがった もので ものの うえを こする。

びっくり

いぬが とびだして びっくり する。

おもって いなかった ことが おこって、おどろく ようす。

ひっくりかえす

おもちゃばこを ひっくりかえす。

うえを むいて いた ほうを したに する。

ひっくりかえる

かめが ひっくりかえる。

うえを むいて いた ほうが したに なる。

ひっこし

あたらしい いえに ひっこしを する。

すむ いえを かえる こと。

ひっこめる

かめが くびを ひっこめる。

だして いた ものを また なかに いれる。

ひっし

どろぼうが ひっしに にげる。

とても いっしょうけんめいな ようす。

ぴったり

くつの おおきさは ぴったりだ。

ちょうど よく あう ようす。

ひっぱる

つなを ひっぱる。

ちからを いれて じぶんの ほうに ひいて くる。

ひづめ

うまの ひづめ。

うまの ひづめと うしの ひづめ。

うまや うしの あしの さきに ある かたい つめ。

ひと

こうえんには いろんな ひとが いる。

わたしたち、にんげんの こと。

ひどい

ひどい かぜで かんばんが たおれる。

はげしい ようす。

ひとごみ

えきは たいへんな ひとごみだ。

ひとが たくさん いる こと。

ひとみ
ねこの きれいな ひとみ。  
めの なかの くろい ぶぶん。

ひとやすみ
とちゅうで ひとやすみ する。 
すこし やすむ こと。

ひとりごと
おとうさんが ひとりごとを いう。 
あいてが いないのに ひとりで ぶつぶつ いう こと。

ひとりでに
ドアが ひとりでに ひらく。 
だれも なにも して いないのに。

ひとりぼっち
ひとりぼっちで るすばんを する。 
たった ひとりで いる こと。

ひな
つばめの ひなが えさを ねだる。 
うまれた ばかりの とりの こども。

ひなた
ひなたに いると ぽかぽか する。 
たいようの ひかりが あたって いる、あかるくて あたたかい ところ。

↕ **ひかげ**

ひなたぼっこ
ねこと ひなたぼっこを する。 
ひの あたる ばしょで のんびり する こと。

ひねる
すいどうの じゃぐちを ひねる。

ゆびや てで ものを まわすように うごかす。

ひねくれる
ひねくれて ひとりで あそぶ。

なんでも わざと ちがうように する。

ひび
ゆのみに ひびが はいる。

ちゃわんや かべに できた、われそうな すじ。

ひびく
トンネルで さけぶと こえが ひびく。

おとが はねかえって くるような かんじで きこえる。

ひま
きょうは とても ひまだ。

すきな ことが できる じかんが ある こと。

ひみつ
おかあさんに ひみつの プレゼントを あげる。

かくして ひとに おしえない こと。

ひも
ひもで しんぶんを しばる。

ものを つないだり しばったり するのに つかう、ほそくて ながい もの。

ひやかす

なかよしの ふたりを ひやかす。

あいてが はずかしがったり こまったり する ことを わざと いう。

ひやけ

うみで ひやけを する。

たいようの ひかりに たくさん あたって、はだが くろく なる こと。

ひやす

すいかを こおりで ひやす。

いつもより つめたく する。

ひょう

ひょうが ふる。

そらから ふって くる こおりの かたまり。

びょういん

かぜを ひいて びょういんに いく。

びょうきや けがを なおして くれる ところ。

びょうき

びょうきに なる。

からだが つらく なったり いたく なったり する こと。

ひょうじょう

うれしい ひょうじょうと かなしい ひょうじょう。

なにを おもって いるのかが わかる かおの ようす。

ひょうばん

この レストランは ひょうばんが いい。

ほかの ひとたちが、よいか わるいか はなして いる こと。

ひよけ

ひよけの ぼうしを かぶる。

たいようの ひかりが あたらないように する ための もの。

ひよこ

めんどりの そばに ひよこが いる。

うまれた ばかりの にわとりの こども。

ひらがな

ひらがなで かおを かく。

かんじに にたように つくった にほんの もじ。

ひらく

もんを ひらく。

しまって いる ところを あける。

ひらたい

ひらたい いし。

でこぼこが ない ようす。

ピラミッド

ピラミッドは おおきい。

エジプトに ある、おおきな いしを つんで つくった おうさまの おはか。

ひらめく

いい かんがえが ひらめく。

ぱっと あたまに うかぶ。

ひ ↕ とじる

ひ

びり
かけっこで びりに なる。

なにかを した ときに、いちばん さいごに なる こと。

ひりょう
うえきに ひりょうを やる。

やさいや はなが よく そだつように つちに まぜる もの。

ひる
ひるは たいようが たかい ところに ある。

いちにちの うちで、あさと よるの あいだの じかん。

→ いちにち

ビル
しろい ビルは ぎんこうです。

へやが たくさん ある たかい たてもの。

ひるね
ひるごはんの あとは ひるねを する。

ひるに すこしの じかん ねむる こと。

ひろい
この こうえんは ひろい。

ばしょが おおきかったり、よこの ながさが ながかったり する ようす。

↕ せまい

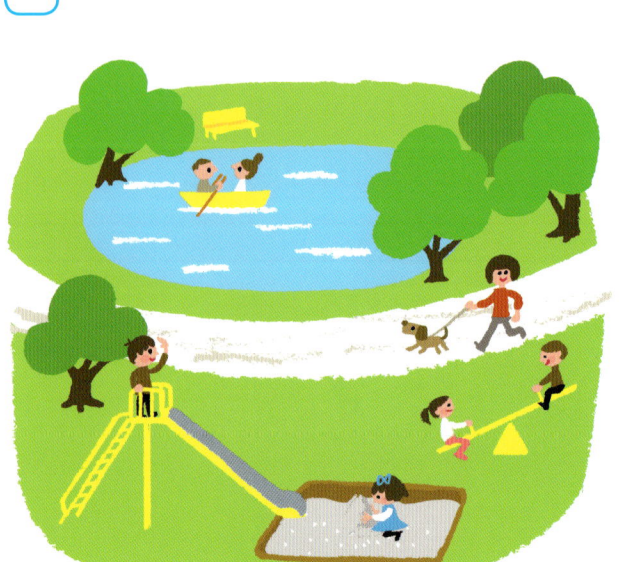

ひろう
どんぐりを ひろう。

おちて いる ものを てで とる。

↕ すてる

ひろがる

めの まえに うみが ひろがる。

ひろく なったり おおきく なったり する。

ひろげる

シートを ひろげる。

ちいさく して いた ものを おおきく する。

ひろば

ひろばで あそぶ。

ひとが たくさん あつまる ことの できる ひろい ばしょ。

ひろびろ

ひろびろと した のはら。

とても ひろい ようす。

びん

からの びん。

ガラスで できた ながい かたちの いれもの。

びんかん

いぬは においに びんかんだ。

ちょっと した ことを とても はやく かんじる こと。

ヒント

せんせいが なぞなぞの ヒントを だす。

こたえが わからない ときに すこしだけ おしえて もらう ことば。

フ ふ

ファスナー
ふくろの ファスナーを しめる。

ようふくや かばんなどを、あけたり しめたり するのに つかう もの。

ふうせん
ふうせんを そらに とばす。

ゴムや かみで できた、ふくらませて あそぶ おもちゃ。

ブーツ
あかい ブーツを はいた ひと。

あしを いれる ところが ひざの したくらいまで ある くつ。

ふうとう
てがみを ふうとうに いれる。

てがみを いれる しかくい かみの ふくろ。

プール
みんなで プールで およぐ。

およぐ ために みずを ためて おく ところ。

ふえ
ふえを ふく。

いきを ふいて ならす がっき。

ふえる
たからものが ふえる。

かずや りょうが おおく なる。

↕ へる

ふかい
ふかい プール。

かわや うみや いけの、そこまでが とおい。

↕ あさい

ふかす
さつまいもを ふかす。

あつい ゆげを あてて やわらかく して、たべられるように する。

ふきげん
けんかを して ふきげんに なる。

いやな きもちが して、すこしも たのしく ない ようす。

ふきん
ふきんで おさらを ふく。

しょっきを ふく ための きれ。

ふく → 333ページ

ふく
つよい かぜが ふく。 
くうきが ながれて うごく。

ふく
いきを ふいて ろうそくの ひを けす。 
くちの さきを ちいさく して いきを だす。

ふく
ぞうきんで まどを ふく。 
ぬのや かみで こすって よごれを とる。

ふくらます
うきわを ふくらます。 
なかに くうきを いれて おおきく する。

ふくらむ
やいた おもちが ふくらむ。  
なかに くうきが はいって いるみたいに おおきく なる。

ふくろ
かった ものを ふくろに いれる。 
なかに なにかを いれる ために、かみや ぬので つくった もの。

ふける
もりの よるが ふける。 
よるの ずっと おそい じかんに なる。

ふさ
ぶどうの ふさ。 
はなや みが あつまって、ぶらさがって いる もの。

ふさぐ

てで みみを ふさぐ。

なかに はいらないように する。

ふざける

いもうとが ふざける。

おもしろい ことを して さわぐ。

ふし

たけの ふし。

しょくぶつの みきや くきの、ふくらんだ ところ。

ぶじ

ぶじに やまを おりる。

けがや じこが ない こと。

ふしぎ

ふしぎな ランプ。

ふつうでは かんがえられないような ようす。

ふせぐ

あみどで むしを ふせぐ。

よく ない ものが はいって くるのを とめる。

ふせる

ほんを ふせる。

つかう ほうを したに むけて おく。

ジャケット
JACKET
ジャキット

ベスト（チョッキ）

ジャンパー

トレーナー

ズボン
PANTS
パンツ

セーター

ジーパン（ジーンズ）

シャツ

パンツ

ねまき（パジャマ）
PAJAMAS
パジャーマズ

ふく

● さむさや よごれなどから からだを まもる ために きる もの。

<small>か ー でぃ がん</small>
カーディガン

<small>ぶ ら う す</small>
ブラウス

<small>こ ー と</small>
コート
COAT
コゥト

<small>てぃ ー しゃ つ</small>
ティーシャツ

<small>す か ー と</small>
スカート
SKIRT
スカート

<small>れ い ん こ ー と</small>
レインコート

<small>わ ん ぴ ー す</small>
ワンピース

ふた
なべの ふたを あける。

いれものの くちを とじる もの。

ぶたい
ぶたいの うえで おどる。

げきなどを みせる、すこし たかく つくった だい。

ふたご
ふたごの きょうだい。

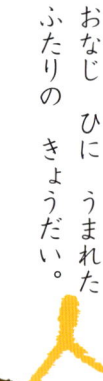

おなじ ひに うまれた ふたりの きょうだい。

ふち
ふちに レースが ついた スカート。

ものの はしや まわり。

ぶち
ぶちの いぬ。

いろいろな いろが まじって いる こと。

ぶつ
けんかを して ともだちを ぶつ。

ひとを てで たたく。

ふつう
ふつうの プリンと とくべつの プリン。

ほかの ものと おなじで、どこにでも ある ようす。

ぶつかる
おにいさんと ぶつかる。

ひとや ものと つよく あたる。

ぶつける
つくえに あたまを ぶつける。

ものに つよく あてる。

ふとい
この きは ふとい。

ものの はばや まわりが おおきい ようす。

↕ ほそい

ふとる
たくさん たべて ふとる。

からだの にくが ふえて おおきく なる。

↕ やせる

ふぶき
ひどい ふぶきに なる。

つよい かぜと いっしょに ふる たくさんの ゆき。

ぶぶん
はの ぶぶんを ぬる。

ひとつの ものを いくつかに わけた なかの、ちいさな ひとつ。

ふべん
ナイフが ないと ふべんだ。

かんたんに できなくて こまる こと。

↕ べんり

ふ

ふみきり
ふみきりが しまる。
どうろが、せんろを わたるように なって いる ところ。

ふむ
おちばを ふむ。
あしの うらで おす。

ふもと
やまの ふもとの むら。
やまの したの ところ。

ふゆ
ふゆには スキーを する。
あきと はるの あいだの さむい きせつ。

ふゆごもり → とうみん
→ きせつ

ふやす
きんぎょを ふやす。
かずや りょうを おおく する。

↕ へらす

ぶらさがる
てつぼうに ぶらさがる。
なにかに つかまって だらんと する。

ブラシ
かみを ブラシで とかす。
ほこりを とる ときなどに つかう、かたい けを たくさん つけた どうぐ。

ふりかえる
うしろを ふりかえる。
かおや からだを うしろに むける。

ふりしぼる

ちからを ふりしぼって はしる。

じぶんの ちからを いっぱい だす。

ふりむく

なまえを よばれて ふりむく。

おとの する ほうに かおや からだを むけて みる。

ふる

あめが ざあざあと ふる。

そらから あめや ゆきが おちて くる。

ふる

おばあさんが てを ふる。

まえと うしろや、みぎと ひだりに なんども うごかす。

ふるい

ふるい とけい。

できてから ながい じかんが たって いる ようす。

↕ あたらしい

ふるえる

さむくて からだが ふるえる。

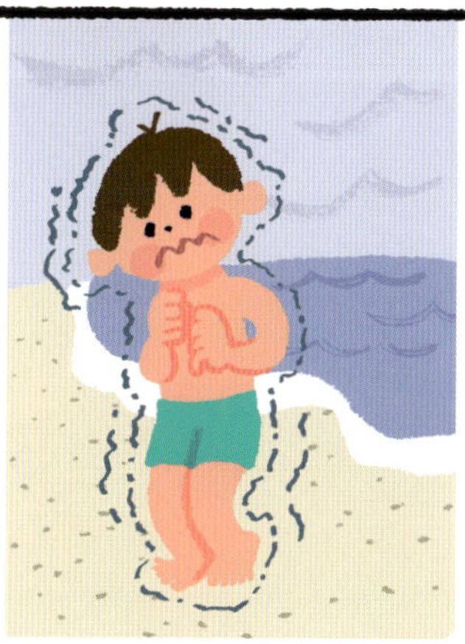

ちいさく ゆれて うごく。

ふるさと

ここが おかあさんの ふるさとです。

うまれて そだった ところ。

ブレーキ

ブレーキを にぎって じてんしゃを とめる。

まわって いる くるまを とめる ぶぶん。

プレゼント

おかあさんに プレゼントを あげる。

ありがとうの きもちや おめでとうの きもちを あらわす ために、ひとに あげる もの。

ブローチ

ブローチを むねに つける。

ふくに ピンで つける かざり。

ふろく

シールの ふろくが いる。

ほんに ついて いる おまけ。

ふろしき

はこを ふろしきで つつむ。

ものを つつむのに つかう しかくい ぬの。

ふんすい

こうえんには おおきな ふんすいが ある。

みずを うえに むかって でるように した もの。

ふんばる

まけないように ふんばる。

あしに ちからを いれて、たおれないように がんばって たつ。

ぶんぼうぐ

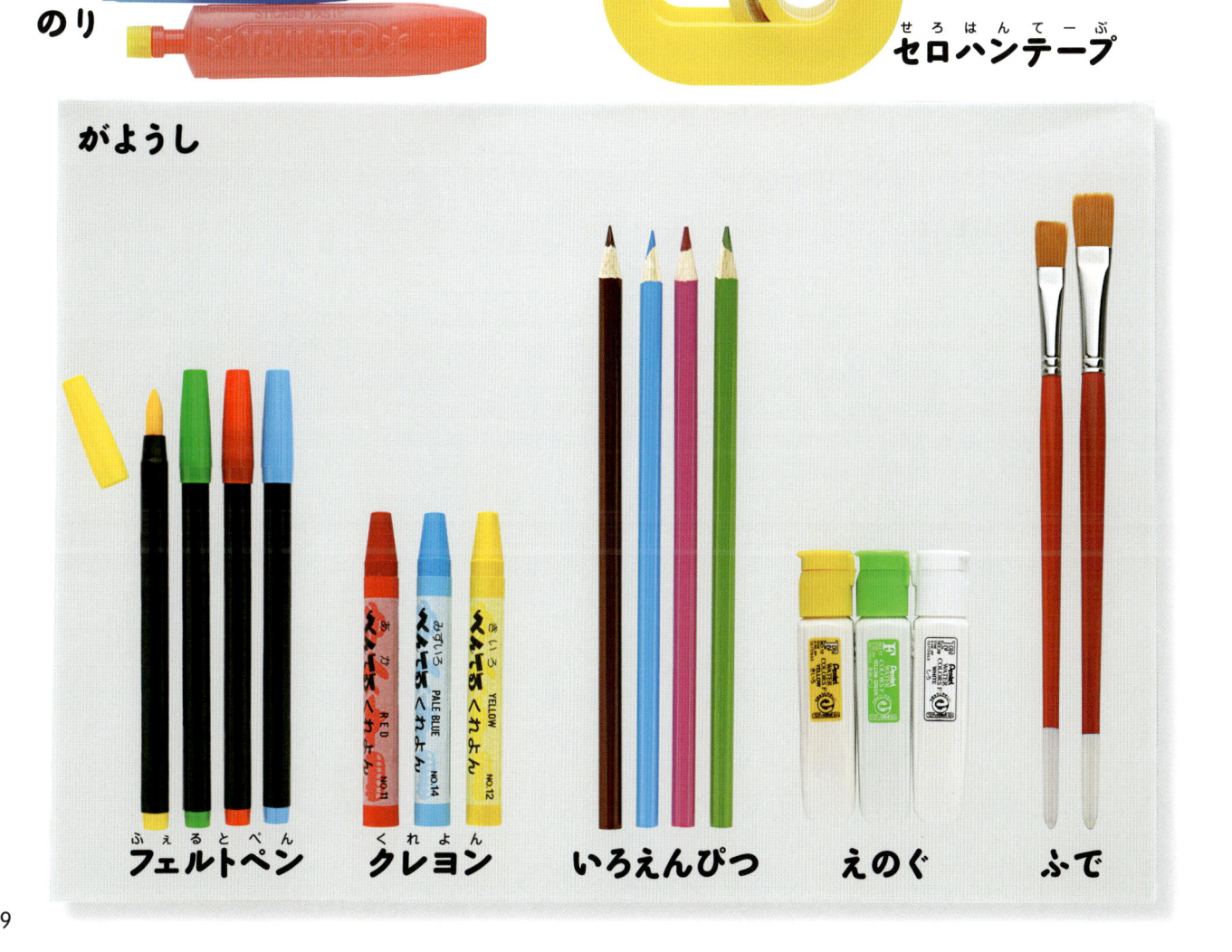

●じや えを かく ときに つかう もの。

ふでばこ

じょうぎ（ものさし）

えんぴつ

けしゴム

のり

ノート

はさみ

ホッチキス

セロハンテープ

がようし

フェルトペン　クレヨン　いろえんぴつ　えのぐ　ふで

へ　へ

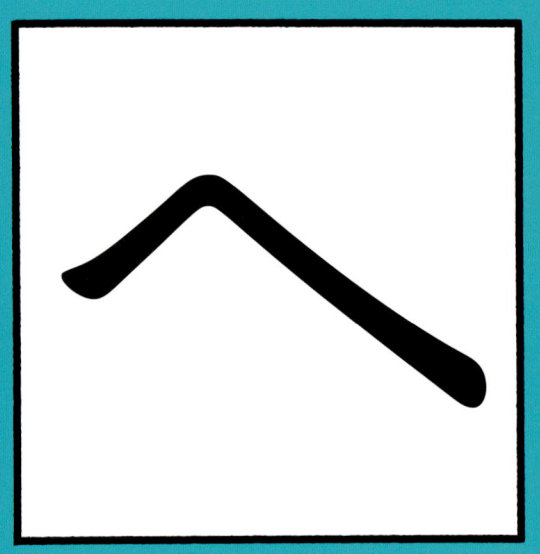

へい
へいの うえに ねこが いる。

いえや にわを かこんで いる もの。

へいわ
せかいの へいわを ねがう。

せんそうが なく、あんしん して くらせる こと。

↕ せんそう

へいき
ぼくは さむくても へいきだ。

いやな ことが あっても いつもと おなじで いる ようす。

ページ
えほんの 6ページを ひらく。

ほんや ノートを ひらく ときの かみの かたほう。

へこむ

ゆびで おすと ねんどが へこむ。

したの ほうに むかって くぼむ。

へた

おとうさんは りょうりが へただ。

うまく できない ようす。

↕ じょうず

べつ

おにいさんと わたしは べつの ものを たべる。

ほかと ちがう こと。

べつべつ

カレーと ごはんを べつの さらに いれる。

いっしょに しないで わける ようす。

ペット

みんな いろいろな ペットを かって いる。

かわいがって かって いる どうぶつ。

へや

ここは わたしの へやだ。

いえの なかを わけた、ひとつひとつの ばしょ。

へらす

おべんとうの おかずを へらす。

かずや りょうを すくなく する。

↕ ふやす

へる
おさらの おだんごが へる。 
かずや りょうが すくなく なる。

↕ ふえる

へん
へんな かおの しゃしん。 
いつもと ちがう ようす。

へんか
あじさいは はなの いろが へんか する。 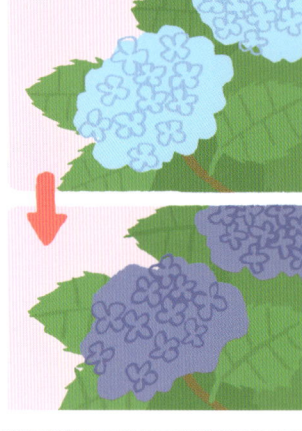
ようすが かわる こと。

ペンキ
かべに ペンキを ぬる。 
かべや かぐに いろを つける もの。

べんきょう
かずの べんきょうを する。 
いろいろな ことを しる ために、ほんを よんだり おそわったり する こと。

へんじ
よばれたら おおきな こえで へんじを する。 
よばれたり きかれたり した ときに、こたえる こと。

へんしん
こうもりが きゅうけつきに へんしん する。 
からだを いままでと ちがう かたちに かえる こと。

べんとう → おべんとう

べんり
りょうりに べんりな どうぐを つかう。 
かんたんで、すぐに できて やくに たつ こと。

↕ ふべん

ホ　ほ

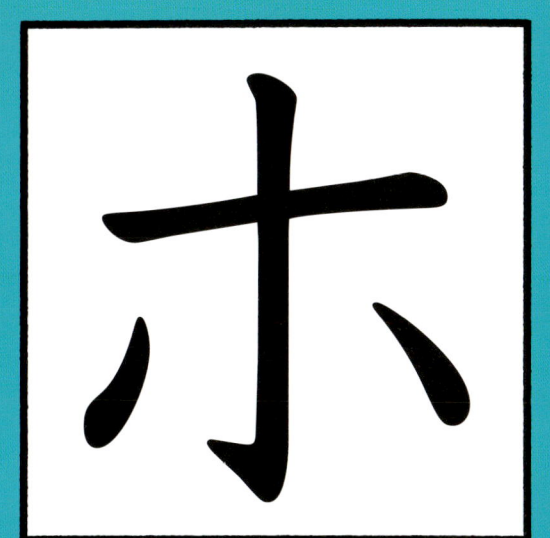

ほ
ふねの ほが ふくらむ。

ふねの はしらに つけて、かぜの ちからで ふねを すすませる ための おおきな ぬの。

ほ
むぎの ほが かぜに ゆれる。

くきの うえに はなや みが あつまって ついた もの。

ほいくえん
おとうさんが ほいくえんに むかえに くる。

しょうがっこうに はいる まえの ちいさな こどもが かよう ところ。

ほう
みぎの ほうから ねこの なきごえが きこえる。

めで みたり、ゆびを さしたり する ところ。

ぼう

ぼうの ついた あめ。

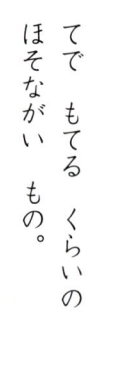

てで もてる くらいの ほそながい もの。

ぼうえんきょう

ぼうえんきょうで ふねを みる。

とおくの ものを おおきく みる ために つかう どうぐ。

ほうがく

たいようが のぼる ほうがくは ひがしです。

ひがし、にし、きた、みなみの むき。

ほうき

ほうきで ゆかを はく。

ごみを あつめる ための そうじの どうぐ。

ぼうけん

ぼうけんの たびに しゅっぱつだ。

あぶないと わかって いる ことを、ゆうきを だして する こと。

ほ

ほうこう
ともだちと はんたいの ほうこうに かえる。

むかったり すすんだり する むき。

ほうせき
ほうせきを ちりばめた かんむり。

いろが きれいで かがやいて いる いし。

ぼうし
ぼうしを かぶって でかける。

あたまを まもったり おしゃれを したり する ために かぶる もの。

ほうる
ボールを ほうる。

とおくに むかって なげる。

ほうび → ごほうび

ほえる
いぬが ねこに ほえる。

いぬや けものが まわりに むかって おおきな こえを だす。

ホース
ホースで にわに みずを まく。

とおくまで みずを おくる ための ほそくて ながい どうぐ。

ほおずり
あかちゃんに ほおずりを する。

ほおと ほおを くっつけて やさしく こする こと。

ほおばる
おにぎりを ほおばる。

ほおが ふくらむくらい たくさん たべものを くちに いれる。

ほか

サッカーを やめて ほかの あそびを しよう。

べつの こと。

ぼく

ぼくは 5さいです。

おとこの ひとが じぶんの ことを いう ときに つかう よびかた。

ぼくじょう

ぼくじょうで うしを みる。

うしや ひつじなどを つながないで かう ひろい ところ。

ほくろ

うでに ほくろが みっつ ある。

からだや かおに ある くろい てん。

ポケット

ポケットが たくさん ある ふく。

ようふくに ついて いて、ハンカチなどを いれる ところ。

ほこり

ほこりが まいあがる。

こなのように ちいさい ごみ。

ほし
そらに ほしが ひかる。

よるの そらに きらきらと ひかって みえる もの。

ほしい
うさぎの ぬいぐるみが ほしい。

じぶんの ものに したいと おもう ようす。

ほじくる
はなを ほじくる。

つついて あなの なかの ものを だす。

ほす
せんたくものを ほす。

かぜや たいようにあてて かわかす。

ポスト
ポストに てがみを いれる。

はがきや てがみを おくる ために いれる あかい はこ。

ほそい
この きは ほそい。

ものの はばや まわりが ちいさい ようす。

↕ ふとい

ほそながい
ほそながい パン。

よこの はばが ちいさくて ながい ようす。

ほたる
ほたるが ひかる。

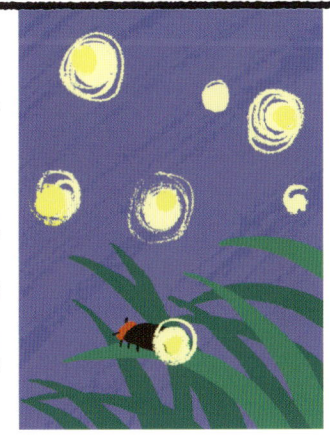

くらい ところで おしりが ひかる むし。

ボタン

うわぎの ボタンを とめる。

ようふくを きる ときに ぬげないように とめる もの。

ほっとする

まいごの いもうとが みつかって ほっとする。

よかったと おもって あんしん する ようす。

ほどう

ひとは ほどうを あるく。

くるまの みちと わけて つくった、ひとが あるく ための みち。

ほどく

おくりものの リボンを ほどく。

むすんで ある ものを はずす。

↕ むすぶ

ほっきょく

しろくまは ほっきょくに すむ。

ちきゅうの いちばん きたに ある ところ。

↕ なんきょく

ほどうきょう

ほどうきょうを わたる。

ひとが どうろを あんぜんに わたる ために つくった はし。

ほ

ほどける
くつの ひもが ほどける。
むすんで あった ものが しぜんに はなれる。

ほとんど
つみきの タワーが ほとんど できた。
もう ちょっとで ぜんぶに なるくらい。

ほにゅうびん
あかちゃんが ほにゅうびんで ミルクを のむ。
あかちゃんが ミルクを のむ ための びん。

ほね
さかなの ほね。
ひとや どうぶつの からだを なかから ささえて いる かたい もの。

ほのお
おおきな ほのお。
ひが もえて ひかって いる ところ。

ほほえむ
おばあさんが やさしく ほほえむ。
こえを ださないで にっこり わらう。

ほめる
おてつだいを した いもうとを ほめる。
がんばった ひとや よい ことを した ひとを よく いう。

ほら
うちで ライオンを かって いると ほらを ふく。
うそ。

ほ

ほらあな
ほらあなで あまやどりを する。

いわや がけに ある おおきな あな。

ほる
じめんに おおきな あなを ほる。

じめんに あなを あける。

ほん
ほんを よむのが だいすきだ。

もじや えを かいた かみを、ひとつに まとめた もの。

ほんき
ほんきで たたかう。

まじめで いっしょうけんめいな きもち。

ほんとう
ほんとうの ことを はなす。

そっくり その とおり。

↕ うそ

ほんもの
ほんものの イルカを みるのは はじめてだ。

まねを して つくった ものでは ない、ほんとうの もの。

↕ にせもの

ぼんやり
とおくに しまが ぼんやり みえる。

うすくて よく みえない ようす。

マ　ま

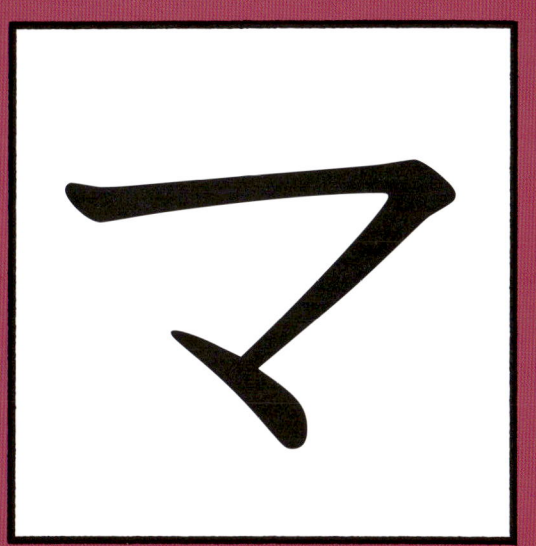

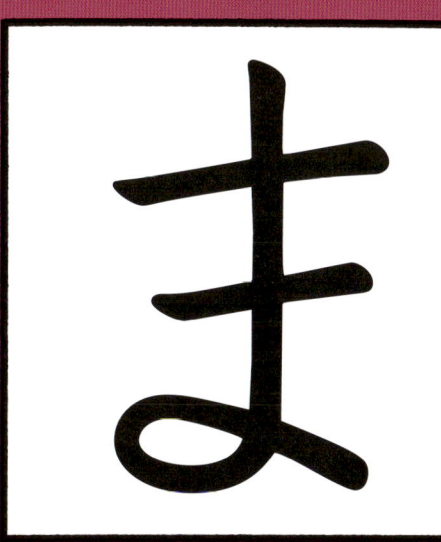

マーガリン
パンに マーガリンを ぬる。

しょくぶつの あぶらで つくった、バターに よく にた たべもの。

まいあがる
かぜで かみが まいあがる。

おどりを おどるように ふわりと うえに あがる。

マイク
マイクを もって はなす。

こえや おとを おおきく きこえるように する ための きかい。

まいご
まいごに なって なく。

いっしょに いた ひとと はなれたり みちに まよったり した こども。

まいにち
まいにち いぬの さんぽを する。

きょうも あしたも、どの ひも ぜんぶ。

まう
じょうずに まう。

おどりを おどる。

まえ
ぼくの いえの まえには こうえんが ある。

かおが むいて いる ほう。

→ むき　↕ うしろ

まかせる
おかあさんが おつかいを ぼくに まかせる。

ようじを じぶんで かんがえて するように たのむ。

まがりかど
まがりかどに ポストが ある。

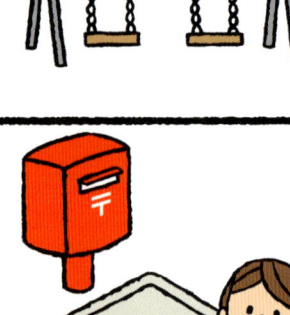

みぎや ひだりに まがる みちの かど。

まがりくねる
まがりくねった みち。

まっすぐでは なく、いろいろな むきに まがる。

まがる
はなの くきが まがる。

すすむ むきが かわる。

まき
まきを かまどに いれる。

もやす ために きった き。

まきつく
あさがおの つるが ぼうに まきつく。

ぐるぐると まいて くっつく。

まきば
まきばへ いく。

うしや うまなどを そだてる ための ばしょ。

まく
けがを した うでに ほうたいを まく。

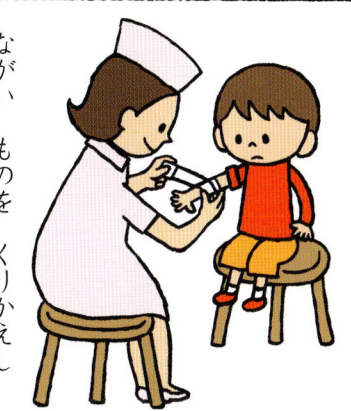

ながい ものを くりかえし くるくると つける。

まく
あさがおの たねを まく。

たねを つちの うえに おとす。

まく
にわに みずを まく。

ばらばらに ちらすように おとす。

まくる
ふくの そでを まくる。

まいて うえに あげる。

まける
じゃんけんに まける。

じぶんが あいてより よわい ことが きまる。

↕ かつ

まげる
からだを まえに まげる。

まっすぐな ものを まるく おる。

↕ のばす

353

まご
おばあちゃんには まごが ふたり いる。

おじいさんと おばあさんから みた わたし。

まごつく
みちを まちがえて まごつく。

まざる → まじる

どう したら いいか わからなく なって こまる。

まじめ
まじめに しゅくだいを やる。

きちんと やる こと。

まじょ
まじょが まほうの くすりを つくる。

まほうを つかう おんなの ひと。

まじる
あおに きいろが まじる。

ほかの ものと いっしょに なる。

まじわる
せんと せんが まじわる。

ひとつの ところで かさなる。

まずい
この ハンバーグは まずい。

たべものの あじが わるくて おいしく ない ようす。

↕ うまい

マスク
かぜを ひいたので マスクを つける。

ばいきんや ほこりを ふせぐ ために、はなや くちを おおう ぬの。

まずしい
まずしい くにと ゆたかな くに。

おかねが なくて くらしに こまる ようす。

ますます
ふうせんが ますます おおきく ふくらむ。

いまよりも もっと たくさん。

まぜる
あかと あおを まぜると むらさきいろに なる。

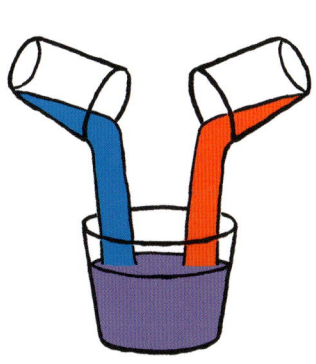

ほかの ものを くわえて いっしょに する。

まだ
しろい チューリップは まだ さかない。

おこる はずの ことが おきて いない ようす。

またがる
うまに またがる。

りょうほうの あしを ひろげて ものの うえに のる。

またぐ
ほんを またいでは いけません。

じめんや ゆかに ある ものの うえを、あしを ひろげて こえる。

またたく
よぞらに ほしが またたく。

ひかりが つよく なったり よわく なったり して、ちかちか ひかる。

まだら
もようが まだらの ねこ。

こい いろと うすい いろが まじって いる こと。

まち

ぼくの まちには やきゅうじょうが ある。

みせや いえが たくさん あつまって いる にぎやかな ところ。

まちあわせ

とけいの したで まちあわせを する。

じかんと ばしょを きめて ひとと あう こと。

まちがえる

ボタンの とめかたを まちがえる。

ちがう ことを して しまう。

まちどおしい

クリスマスが まちどおしい。

はやく おきて ほしい ことを たのしみに まつ ようす。

まちぶせ

おとうさんを まちぶせ する。

ひとが くるのを かくれて まつ こと。

まつ

じゅんばんが くるのを まつ。

なにかが おきたり ひとが きたり する までの あいだ、そこに いる。

まっくら

おしいれの なかは まっくらだ。

なにも みえないくらい とても くらい ようす。

まっすぐ

せなかを まっすぐに のばす。

ぐにゃぐにゃと して いないで ぴんと のびて いる ようす。

マッチ

マッチを すって ろうそくに ひを つける。

はしに くすりが ついて いて、こすると ひが でる ちいさな きの ぼう。

マット

マットで あしを ふく。

あしを きれいに する ために ゆかに しくぬの。

まつり → おまつり

まと

まとに むかって ボールを なげる。

ボールや やを あてる ときに めじるしに する もの。

まど

まどを あける。

へやに あかりや かぜを いれる ところ。

まとめる

ながい かみを まとめる。

ばらばらの ものを ひとつに する。

まなぶ

おねえさんは しょうがっこうで かんじを まなぶ。

べんきょうを して あたらしく なにかを しる。

まにあう

でんしゃの じかんに まにあう。

きまった じかんに おくれないで つく。

まね

せんせいの まねを する。

だれかと おなじように からだを うごかしたり こえを だしたり する こと。

まねく

たんじょうびに ともだちを まねく。

きて くださいと こえを かける。

まばたき

めぐすりを さした あとで まばたきを する。

めを ぱちぱちと ひらいたり とじたりする こと。

まぶしい

たいようの ひかりが まぶしい。

ひかりが とても あかるくて、めを あけて いられない ようす。

まほう

まほうを つかって かぼちゃを ばしゃに かえる。

じぶんの おもった とおりに できる、ふしぎな ことばや ちから。

まほうつかい

まほうつかいが ほうきに のって そらを とぶ。

まほうを つかう ひと。

ママ → おかあさん

ままごと

ともだちと ままごとを して あそぶ。

おもちゃを つかって りょうりや かぞくの まねを する あそび。

まめ

せつぶんに まめを まく。

あずきや だいずなど、まるい ちいさな しょくぶつの み。

まもなく

まもなく 3じ(さん)に なる。

あと すこしで。

まもる

おとうとを こわい いぬから まもる。

よく ない ことが おきないように する。

まもる

しんごうを まもる。

やくそくや きまりの とおりに する。

まよう

いちごを たべようか、バナナを たべようか まよう。

どっちに したら よいか、じぶんの きもちが きめられない。

まよなか

まよなかは そとが まっくらだ。

よるの とても おそい じかん。

まるい

まるい おさら。

ボールのように かどが ない ようす。

まるた

まるたで いえを つくる。

えだと かわを とっただけの まるい き。

まるめる

ねんどを まるめて ボールを つくる。

まるい かたちに する。

まわす

ハムスターが くるまを まわす。

くるくると まるく うごかす。

まわり
かだんの まわりに いしを ならべる。

ものの そとがわを ぐるりと かこんで いる ところ。

まわる
かざぐるまが かぜで まわる。

くるくると まるく うごく。

まんいん
エレベーターが まんいんだ。

のりものや へやに ひとが たくさん いて ぎゅうぎゅうな こと。

まんが
まんがを よんで わらう。

おもしろい はなしを えに した もの。

まんげつ
こんやは まんげつだ。

まんまるに なって いる つき。

まんぞく
おなか いっぱい たべて まんぞく する。

おもった とおりに なって うれしい きもちに なる こと。

まんなか
おさらの まんなかに プリンを のせる。

うえ、した、みぎ、ひだりの どこから はかっても おなじ ながさの ばしょ。

まんまと
ねこに まんまと にげられた。

わからない うちに うまく。

ミ み

み
りんごの きに みが なる。 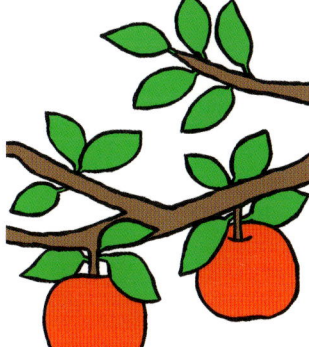
しょくぶつの はなが ちった あとに できる、たべられる ぶぶん。

みあげる
たかく あがった ふうせんを みあげる。  
かおを うえに あげるように して みる。

みえる
とおくに しまが みえる。 
かたちや いろが めで かんじられる。

みおくる
えきで おとうさんを みおくる。 
どこかに いく ひとを いって しまうまで みて いて あげる。

みがく

はブラシで はを みがく。

よごれを とったり ぴかぴかに したり する ために こする。

みかづき

みかづきが かがやく。

ほそい ゆみの かたちのように みえる つき。

みかた

よわい この みかたに なる。

おうえん したり たすけたり する なかま。

↕ てき

みき

きの みきに せみが とまる。

きの いちばん ふとい ぶぶん。

みがる

ジャングルジムに みがるに のぼる。

からだが かるく らくらくと うごく ようす。

みぎ

とけいの みぎに えを かざる。

とけいの すうじの 3と 9で、3の ある ほう。

→ むき　↕ ひだり

みごと

みごとな おひなさまだ。

きれいで りっぱな ようす。

みさき

みさきに とうだいが ある。

うみに むかって ながく でて いる じめん。

みじかい

あかい えんぴつの ほうが みじかい。

はしから はしまでの あいだが ちいさい。

↕ ながい

みじかい

ふゆは あかるい じかんが みじかい。

じかんが すくない ようす。

↕ ながい

みず

はなに みずを やる。

きまった かたちが なくて ながれて しまう、いろも においも ない もの。

みずうみ

みずうみに ボートが うかぶ。

いけよりも たくさん みずが ある、おおきくて ふかい ところ。

みずぎ

わたしの みずぎは みずたま もよう。

うみや プールなどで およぐ ときに きる ふく。

みずたまり

あめの あとに みずたまりが できた。

じめんに みずが たまって いる ところ。

みせ → おみせ

みずべ
みずべに とりが あつまる。

かわや いけや うみなどの、みずの すぐ ちかく。

みせびらかす
あたらしい グローブを みせびらかす。

ほめて もらおうと して、じぶんの ものを みせる。

みせる
かいた えを おかあさんに みせる。

みて もらおうと して、ひとの ためのまえに だす。

みそ
きゅうりに みそを つけて たべる。

だいずから つくった、あじを つける ための たべもの。

みぞ
みぞに おちないように きを つける。

じめんを ほそながく ほって、みずが とおるように した ところ。

みそしる
とうふの はいった みそしる。

とうふや やさいを にて、みそを とかして いれた しる。

みぞれ
みぞれが ふる。

みずが おおくて しゃりしゃりと した ゆき。

みだしなみ

でかける まえに みだしなみを ととのえる。

ふくや かみを きちんと する こと。

みだれる

かぜが ふいて かみが みだれる。

ぐちゃぐちゃに なって しまう。

みち

この みちを まっすぐ いくと こうばんが ある。

ひとや くるまが とおる ところ。

みちくさ

がっこうの かえりに みちくさを する。

きまった ところへ いく とちゅうで、ほかの ことを する こと。

みちばた

みちばたに たんぽぽが さいて いる。

みちの はし。

みつ

ちょうちょうが はなの みつを すう。

はなや きから でる、とろりと した あまい しる。

みつかる

かくれんぼを して みつかる。

ひとに しられる。

みつける

おもちゃばこの そこに ミニカーを みつける。

なくなって いた ひとや ものを さがし だす。

みっともない

シャツが でて いるのは みっともない。

みた かんじが よく ない ようす。

みつめる

だいすきな えを みつめる。

めを はなさないで じっと みる。

みとれる

きれいな はなに みとれる。

みて いて、とても すきに なって しまう。

みなと

おおきな ふねが みなとに とまる。

ふねを とめて、ひとや にもつを のせたり おろしたり する ばしょ。

みにくい

みにくい あひるの こ おはなし。

ようすや かたちが きれいでは ない ようす。

みなみ

たいようが みなみの そらを とおる。

たいようが のぼる むきに むかって、みぎの ほう。

→ ほうがく

みのむし
えだに ぶらさがった みのむし。

はや きの えだで つくった いえに すむ むし。

みのる
りんごが たくさん みのる。

しょくぶつの みが できる。

みはる
もんの まえで みはる。

なにか へんな ことが おこらないか、ちゅういして ずっと みて いる。

みぶるい
さむくて みぶるいを する。

さむかったり こわかったり した とき、からだが ぶるっと ふるえる こと。

みまい → おみまい

みまわす
あたりを みまわす。

じぶんの まわりを ぐるりと みる。

みまわり
おまわりさんが まちの みまわりを する。

こまった ことが おきて いないか どうか、みて あるく こと。

みみず
つちの なかから みみずが でて きた。

つちの なかに いる、ほそながい いきもの。

みゃく
かんごしさんが みゃくを はかる。

てで さわると、からだの なかを ちが とおって いるのが わかる ところ。

みやげ → おみやげ

みやこ 
みやこに でて きた いなかの ねずみ。
くにで いちばん にぎやかで ひとが あつまって いる ところ。

みょう 
みょうな かたちの びん。
ふつうと ちがって いて、ふしぎな ようす。

みらい 
みらいの くるまは どんな かたちを して いるかな。
いまよりも ずっと さきの じかん。

みる 
まどの そとを みる。
めで いろや かたちを しる。

みるみる 
みるみる くるまが みえなく なる。
ちょっと みて いる あいだに、とても はやく かわって いく ようす。

みんな 
みんなで かけっこを する。
あの ひとも この ひとも どの ひとも ぜんぶ。

みわたす
すべりだいの うえから けしきを みわたす。
ぐるりと とおくを みる。

ム　む

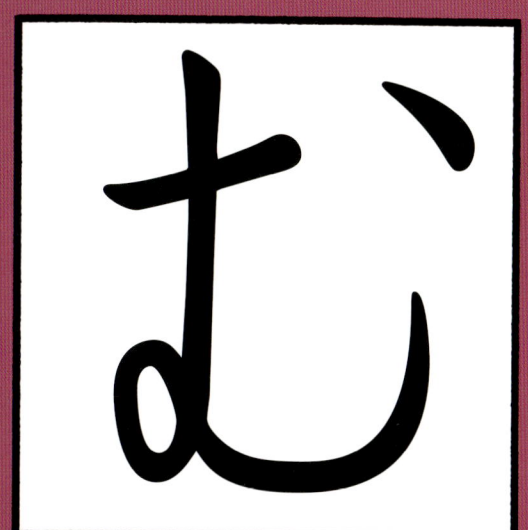

むかえる
げんかんで ともだちを むかえる。

ひとが くるのを したくを して まつ。

むかう
ともだちと こうえんへ むかう。

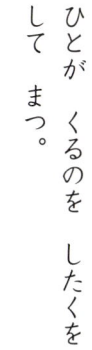

ある ところへ いこうと する。

むき
→370ページ

むぎ
はたけに むぎが みのる。

パンや うどんの もとに なる しょくぶつ。

むかし
むかしは きょうりゅうが いきて いた。

いまよりも なんねんも ずっと まえ。

むき

● じぶんから みて どちらかを あらわす ことば。

うえ
わたしの うえに くろい ねこが いる。

した
わたしの したに しろい ねこが いる。

ひだり
わたしの ひだりに くろい いぬが いる。

みぎ
わたしの みぎに しろい いぬが いる。

まえ
わたしの まえを いぬが あるく。

うしろ
わたしの うしろを ねこが あるく。

むぎわらぼうし
ひよけに むぎわらぼうしを かぶる。

むぎの わらを あんで つくった ぼうし。

むく
よこを むく。

かおや からだを ほうこうに うごかす。

むく
じゃがいもの かわを むく。

ものの そとがわの ぶぶんを はがす。

むける
にんぎょうの かおを みぎに むける。

からだや ものを ある ほうこうに うごかす。

むごい
だれが こんな むごい ことを したのでしょう。

みるのが つらいほど ひどい ようす。

むこう
むこうの きしに さくらが みえる。

じぶんの まえの ほうの はなれた ところ。

むし
→372ページ

むしあつい
むしあついから ねむれない。

べたべた した あせで いやな かんじが して あつい ようす。

むしかご
むしかごに こおろぎを いれる。

むしを いれる ための かご。

むし

● はねで とんだり、6ぽんの あしで あるいたり する ちいさな どうぶつ。

にわや のはらに すむ

あり

はち
BEE
ビー

ちょうちょう
BUTTERFLY
バタフライ

とんぼ

ばった

てんとうむし

ほたる

みずべに すむ

はやしに すむ

くわがたむし

かぶとむし

せみ
CICADA
シケイダ

むしば
むしばが いたい。

ばいきんの ために あなが あいた は。

むしめがね
むしめがねで だんごむしを みる。

ちいさい ものを おおきく して みる ための どうぐ。

むしる
にわの くさを むしる。

てで つかんで ぬく。

むす
シューマイを むす。

ゆげで たべものを あつく する。

むずかしい
むずかしい かんじを ならう。

わかるのが かんたんでは ない ようす。

↕ やさしい

むすぶ
くつの ひもを むすぶ。

いとや ひもなどを つないで あわせる。

↕ ほどく

むすこ
ぼくは おかあさんの むすこです。

おとうさんと おかあさんから うまれた、おとこの こども。

↕ むすめ

むすめ
わたしは おとうさんの むすめです。

おとうさんと おかあさんから うまれた、おんなの こども。

↕ むすこ

むだ

みずを むだに つかっては いけません。

やくに たたない つかいかたを する ようす。

むちゃ

ドーナツを 10こも たべるのは むちゃだ。

ふつうでは かんがえられないような ことを する ようす。

むちゅう

えを かくのに むちゅうに なる。

ひとつの ことに いっしょうけんめいに なる こと。

むら

むらには たんぼや はたけが たくさん ある。

いなかで ひとが あつまって すんで いる ばしょ。

むらがる

あめに ありが むらがる。

ひとつの ところに おおくの ものが あつまる。

むり

この さかを じてんしゃで のぼるのは むりだ。

やる ことが とても むずかしい ようす。

むりやり

むりやり ふくを つめこむ。

できないと わかって いても やろうと する ようす。

むれ

ぞうは むれて くらす。

ひとや どうぶつが たくさん あつまって ひとつに なって いる もの。

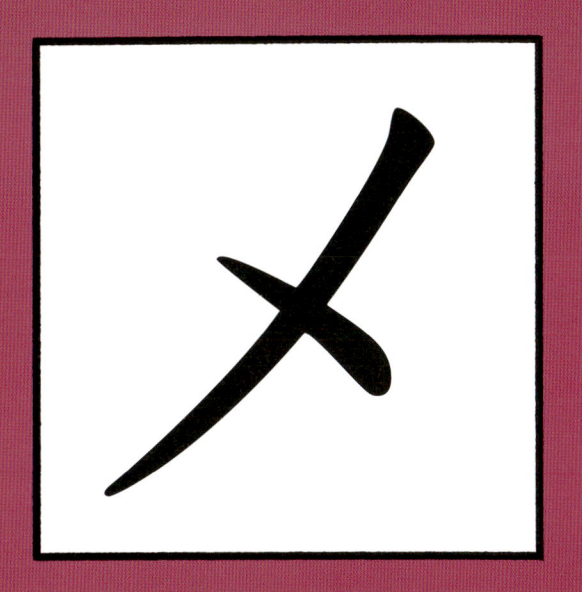

め

め
あさがおの めが でる。

しょくぶつの たねや えだから、はじめに でて くる ぶぶん。

めいじん
おかあさんは ホットケーキづくりの めいじんだ。

ひとつの ことが、ひとよりも とても じょうずに できる ひと。

めいちゅう
まとに ボールが めいちゅう する。

あてたい ものに うまく あたる こと。

めいれい
すわれと めいれい する。

あいてに、かならず やりなさいと いう こと。

めいろ

めいろから うまく でられるかな。

はいると、まよって でられなく なりそうな みち。

めいわく

みちに ひろがって あるくのは めいわくだよ。

だれかの せいで、こまったり いやな きもちに なる こと。

めがける

ゴールを めがけて シュートする。

ねらった ところに むかう。

めくる

カレンダーを めくる。

1まいずつ うえから はがすように して ひらく。

めざす

やまの ちょうじょうを めざす。

あそこまで いきたいと おもって、それが できるように がんばる。

めざめる

あさ 7じに めざめる。

ねむりから めが さめる。

めざましどけい

めざましどけいを まくらの そばに おく。

おきたい じかんに おとを ならす とけい。

めす
かぶとむしの めすは つのが ない。 
いきものの おんなの ほうを よぶ ことば。

↕ おす

めずらしい
めずらしい かたちの めがね。 
おなじ ものが すくなくて、ほかで たくさん みない ようす。

めだつ
きいろい ふくは よく めだつ。 
たくさん ものが ある なかで、すぐに わかる。

めだま
おおきな めだま。 
めの たま。

めちゃくちゃ
めちゃくちゃに いろを ぬる。 
なにも かんがえないで でたらめに する ようす。

めでたい
あかちゃんが うまれて めでたい。 
おいわいを して よろこぶ ようす。

メニュー
レストランで メニューを みる。 
たべものや のみものの なまえと ねだんを かいた もの。

めんどうくさい
へやを かたづけるのは めんどうくさい。 
するのが たいへんそうなので したくない。

モ も

もう
おやつは もう たべた。

びっくり するくらい みじかい じかんで。

もうふ
もうふを かけると あたたかい。

ねる ときに かける、ひつじの けで つくった やわらかくて かるい ぬの。

もうしわけない
もうしわけない ことを しました。

ていねいに あやまる ときの ことば。

もえる
たきぎが もえる。

ひが ついて ほのおが でる。

もがく

おぼれそうに なって もがく。

てあしを ばたばたと うごかして くるしむ。

もぐ

なしを きから もぐ。

ねじって とる。

もぐる

うみに もぐる。

ものの したや みずの なかに からだを ぜんぶ いれる。

もし

もし いぬが ほえたら にげよう。

いまは ほんとうに そう なるか どうか わからないけれど、そう なったら。

もじ

もじを ならう。

ことばを かいたり よんだり する ために つかう しるし。

もたげる

へびが あたまを もたげる。

ゆっくり うえに あげる。

もたれる

おとうさんの せなかに もたれる。

かたや せなかを よりかからせる。

もち

もちが やけて ふくらむ。

こめで つくった たべもの。

もちあげる

おおきな はこを もちあげる。

てで もって うえに あげる。

もつ

おとうさんの かばんを もつ。

ものを てに とる。

もったいない

まだ つかえるのに すてるなんて もったいない。

ものが たいせつに つかわれないで ざんねんだと おもう ようす。

もつれる

けいとが もつれる。

からまって ほどけなく なる。

もちろん

3じには もちろん おやつを たべる。

いわなくても いいくらい よく わかって いる ようす。

もつ

ぼくは えほんを たくさん もって いる。

じぶんの ところに ある。

もっと

うきわに もっと くうきを いれよう。

いまより たくさん。

もてなす

ケーキで もてなす。

おきゃくさまに よろこんで もらえるように いろいろ する。

もと

くつを もと あった ところに いれる。

いまよりも まえの とき。

もどす

つかった つみきを もどす。

ものを もとの ところへ かえす。

もどる

じぶんの いすに もどる。

もとに いた ところへ かえる。

もの

ものが たくさん のった たな。

めに みえる、かたちの ある もの すべて。

ものおき

せんぷうきを ものおきに しまう。

つかわない ものを しまって おく こや。

ものがたり

3びきの こぶたの ものがたり。

ほんの なかの おはなし。

ものしり
おとうさんは ものしりだ。

たくさんの ことを しって いる ひと。

もむ
おかあさんの かたを もむ。

てを つかって ぎゅっと おしたり にぎったり する。

もやす
おちばを もやす。

ひを つけて もえるように する。

もよう
いろいろな もようの ふく。

かざりと して つける いろや かたち。

もらう
りょこうの おみやげを もらう。

ひとが くれた ものを うけとる。

もらす
おしっこを もらす。

がまん できないで そとに だす。

もり

ふくろうは もりに すむ。

とても たくさんの きが あつまって はえて いる ところ。

もる

さらに いちごを もる。

いれものに ものを たくさん のせる。

もれる

バケツの そこから みずが もれる。

みずが すきまや あなから そとへ でる。

もん

もんを とおって なかに はいる。

いえの そとに つくった いりぐち。

もんく

いもうとに うるさいと もんくを いう。

きに いらない ことが ある ときに いう ことば。

もんだい

だされた もんだいを かんがえる。

こたえを たずねる ための しつもん。

ヤ や

や
ゆみで やを とばす。

やがて
やがて ゆきは ぜんぶ とけるだろう。もう すこし じかんが すぎれば。

やかましい
いぬが ほえて やかましい。いろんな おとや こえが まじって、いやな かんじが する ようす。

やく
わたしの やくは おひめさまです。げきで、だれが なにを やるか きめた こと。

やく
さかなを やく。

ひを つかって、ものを もやしたり たべられるように したり する こと。

やくそく
なかよく しますと やくそく する。

かならず やろうね と おたがいに きめる こと。

やくにたつ
この ぼうは やくにたつ。

つかう ときに とても たすかる。

やくめ
てがみを とって くるのが わたしの やくめ。

きめられた しごと。

やけど
ゆびを やけど する。

ひのような あつい ものを さわった とき、あかく はれて いたく なる こと。

やける
さかなが やける。

たべものに ひが あたって たべられるように なる。

やさい → 387ページ

やさしい
やさしい かんじ。

かんたんに わかる ようす。

↕ むずかしい

やさしい
やさしい ともだち。

ひとの きもちが わかって、じぶんの ことのように かんじて あげられる ようす。

385

くきや ねを たべる

にんじん
CARROT
キャロット

アスパラガス
あすぱらがす

だいこん

じゃがいも
POTATO
ポテイトゥ

たまねぎ
ONION
アニアン

かぶ

さつまいも

ごぼう

れんこん

やさい

● たべる ために はたけで そだてる しょくぶつ。

みを たべる

カボチャ
PUMPKIN
パンプキン

トマト
TOMATO
トメィトゥ

そらまめ

なす

ピーマン

きゅうり
CUCUMBER
キューカンバー

はや はなを たべる

はくさい

レタス
LETTUCE
レティス

ねぎ

キャベツ
CABBAGE
キャビジ

ほうれんそう
SPINACH
スピニッチ

ブロッコリー

やじるし
やじるしの とおりに すすむ。

やすい
ちいさい メロンの ほうが やすい。 
かうのに おかねが あまり いらない ようす。
↕ たかい

やすみ
きょうは おみせが やすみだ。 
ひとや かいしゃなどが しごとを しない こと。

やすむ
かぜで ようちえんを やすむ。 
ようちえんや かいしゃに いくのを やめる。

やすむ
こうえんの ベンチで やすむ。  
からだを うごかさずに らくに する。

やせい
やせいの とらを テレビで みる。 
どうぶつや しょくぶつが、しぜんの なかに いる そのままの ようす。

やせる
おすもうさんが やせる。 
からだの にくが へって ほそく なる。
↕ ふとる

やっつける
きんたろうが くまを やっつける。 
あいてが ひどく まけるように する。

やっと

やっと バスが きた。

たくさん じかんを かけた あとに。

やっぱり

やっぱり おとうとが ぼくの おもちゃを つかって いた。

おもって いた とおりに。

やどかり

やどかりが すなはまを あるく。

からに なった かいを じぶんの いえに する、えびに にた いきもの。

やね

やねに すずめが とまる。

あめや ゆきが はいらないように、いえの うえに かぶせて ある もの。

やぶ

ねこが やぶに かくれる。

くさや ちいさな きが たくさん しげって いる ばしょ。

やぶる

しょうじを やぶる。

てで びりびりと ものを きる。

やぶる

9じに ねる やくそくを やぶる。

やくそくや きまりを まもらない。

やぶれる

くつしたが やぶれる。

かみや ぬのが きれて しまう。

やま
やまに のぼる。

まわりよりも じめんが とても たかく もりあがった ところ。

やまびこ
やまびこが こたえる。

やまで おおきな こえで さけぶと、こえが もどって くるように きこえる こと。

やみ
やみの なかの からす。

まっくらな ところ。

やむ
あめが やむ。

つづいて いた ことが とまる。

やめる
ちょうちょうを おいかけるのを やめる。

つづけて いた ことを しなく なる。

やる
きんぎょに えさを やる。

ものを あたえる。

やわらかい
やわらかい ふとん。

ふんわり して いて かんたんに かたちが かわる ようす。

↕ かたい

やんちゃ
やんちゃな おとうと。

こどもが いたずらばかり して、おとなの いう ことを きかない ようす。

ユ ゆ

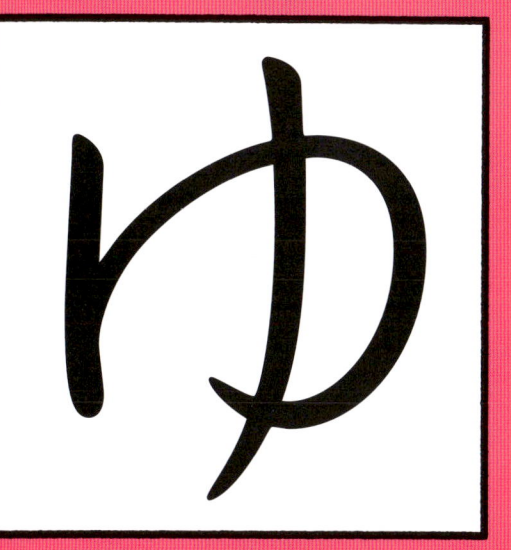

ゆ → おゆ

ゆうえんち
ゆうえんちに いく。

あそぶ どうぐや のりものが たくさん ある ところ。

ゆうがた
ゆうがたに なったから いえに かえろう。

たいようが しずんで、くらく なり はじめる じかん。

→ いちにち

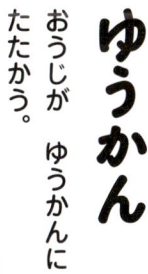

ゆうかん
おうじが ゆうかんに たたかう。

こわがらないで こわい ものに むかって いく ようす。

ゆうき

ゆうきを だして いぬを なでる。

こわがらないで なにかを しようと する きもち。

ユーターン

どうろで くるまが ユーターン する。

くるまが ぐるっと むきを かえて、きた ほうこうに もどる こと。

ゆうだち

ゆうだちが きた。

なつの ゆうがたに ざあっと つよく ふる あめ。

ゆうびんきょく

ゆうびんきょくへ こづつみを だしに いく。

てがみや こづつみを おくったり とどけたり する ところ。

ゆうめい

ゆうめいな かしゅ。

たくさんの ひとが かおや なまえを しって いる こと。

ゆうやけ

ゆうやけが きれいだね。

たいようが しずむ ときに、にしの そらが あかく みえる こと。

ゆうれい

やなぎの したに ゆうれいが でる。

しんだ ひとが、いきて いた ときのような すがたで あらわれると いわれる もの。

ゆか
ゆかを みがく。

いえの なかで、ひとが いたり かぐを おいたり する たいらな ぶぶん。

ゆかい
ゆかいな きもちで うたう。

とても おもしろくて たのしい ようす。

ゆき
ゆきが ふって きた。

さむい ときに そらから おちて くる、しろくて つめたい もの。

ゆきがっせん
ともだちと ゆきがっせんを する。

ゆきで つくった たまを なげて ぶつける あそび。

ゆきだるま
ゆきだるまの かおを つくる。

ゆきを まるめて つくった だるま。

ゆく → いく

ゆげ
やかんから ゆげが でる。

おゆから でて くる しろい けむりのような もの。

ゆすぐ
はみがきの あとは くちを ゆすぐ。

みずで よごれを ながして きれいに する。

ゆする
かきの きを ゆする。

みぎや ひだりに ゆさゆさと うごかす。

ゆずる
わたしの ふくを いもうとに ゆずる。

じぶんが つかって いた ものを ひとに あげる。

ゆたか
おうさまは ゆたかな くらしを して いる。

ものが たくさん あって なにも こまる ことが ない ようす。

ゆだん
ゆだんを すると ぶつかるよ。

だいじょうぶだろうと おもって、なにも きを つけて いない ようす。

ゆっくり
ゆっくりと あるく。

すこしずつ すすむ ようす。

ゆでる
えだまめを ゆでる。

おゆの なかに たべものを いれて にる。

ゆびきり
ゆびきりを する。

こゆびと こゆびを つないで やくそくを する こと。

ゆびわ
あかい いしの ついた ゆびわ。

かざりの ために ゆびに はめる わ。

ゆみ
ゆみを ひいて まとを ねらう。

やを とばす ための どうぐ。

ゆめ

おかしの いえの ゆめを みる。

ねて いる あいだに みる、ほんとうのように おもえる はなし。

ゆるい

ズボンの ゴムが ゆるい。

ぴったり して いない ようす。

↕ きつい

ゆるす

せんせいに あやまって ゆるして もらう。

いたずらや しっぱいを もう しからない ように する。

ゆるむ

ねじが ゆるむ。

はまって いた ものが、ゆるく なる。

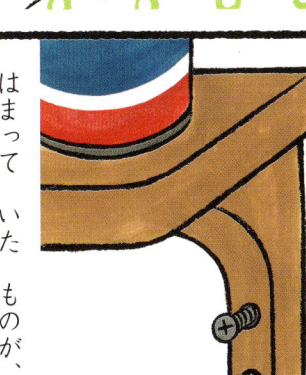

ゆるめる

あやとりの ひもを ゆるめる。

ぴんと させて いた ものや きちんと はまって いた ものを、ゆるく する。

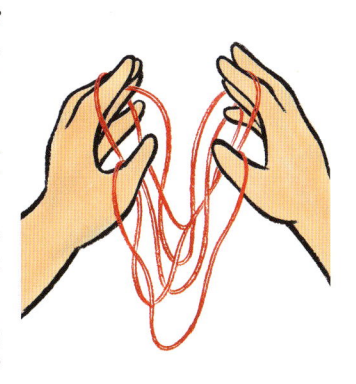

ゆれる

かぜで カーテンが ゆれる。

ゆらゆらと うごく。

ゆわえる

かみを リボンで ゆわえる。

ひもなどで しばる。

ヨ よ

よい → いい

あさ、たいようが のぼって よるが おわる こと。

よあけ
すなはまで よあけを まつ。

よう
おかあさんが おさけに よう。
おさけを のんで いつもと ちがった ようすに なる。

ようい
えんそくに いく よういを する。
したくを する こと。

396

ようじ
おかあさんが わたしに ようじを たのむ。

やらないと いけない しごと。

ようじん
かぜを ひかないように ようじん する。

わるい ことが おこらないように きを つける こと。

ようす
うさぎが えさを たべる ようすを みる。

いろ、かたち、おおきさ、うごきなど、そとから みえる かんじ。

ようせい
もりの ようせいに であう。

ちいさな ひとの すがたを した、ふしぎな ちからを もつと いわれる いきもの。

ようちえん
ようちえんで ともだちと あそぶ。

しょうがっこうに はいる まえに かよう ところ。

ようふく
ようふくを ひとりで きる。

きものでは ない、ズボンや スカートなどの シャツや ふく。

よく
よくが ふかい さる。

あれも これも ほしいと つよく おもう きもち。

よくばる
よくばって たくさん ほおばる。

あれも これも じぶんの ものに したがる。

よけい

おにぎりを よけいに つくりすぎた。

ほんとうに いる かずよりも おおい ようす。

よける

みずたまりを よける。

じゃまな ものに ぶつからないように する。

よこ

よこに ながい ほんだな。

みぎと ひだりの ほうこう。

⇕ たて

よこぎる

かもの おやこが どうろを よこぎる。

みちを よこの ほうこうに とおる。

よごす

ろうかを よごす。

ごみを ちらかしたり どろを つけたり して きたなく する。

よこたわる

ふとんに よこたわる。

からだを よこに して、じっと する。

よこどり

おとうとの おやつを よこどり する。

ひとの ものを むりやり とる こと。

よこになる
ソファに よこに なる。

からだを たおして やすむ。

よごれる
スカートが よごれる。

ごみや どろが ついて、みた ようすが きたなく なる。

よじのぼる
へいを よじのぼる。

なにかを つかみながら がんばって のぼる。

よす
アイスクリームを たべるのを よす。

やろうと して いた ことを しないように する。

よせる
ぬいだ くつを はしに よせる。

ひとつの ばしょに あつまるように うごかす。

よそ
よその おうちを たずねる。

じぶんの しらない ところ。

よそみ
よそみを しながら あるく。

みなくては いけない ところを みないで、べつの ところを みる こと。

よそゆき
よそゆきを きて でかける。

そとに でかける ときに きる きれいな ふく。

よだれ

あかちゃんが よだれを たらす。

くちから しぜんに ながれて でる つば。

よなか

よなかは みんな ぐっすり ねむる。

よるの おそい じかん。

よぶ

とおくに いる ともだちを よぶ。

きが ついて もらえるように、おおきな こえで なまえを いう。

よほう

あしたの てんきの よほうは ゆきだ。

さきの ことを いろいろ しらべて、こう なりますよと しらせる こと。

よぼう

はみがきを して むしばを よぼう する。

わるい ことが おこらないように、さきに いろいろ する こと。

よむ

おとうさんが しんぶんを よむ。

かみに かいて ある ことを めで みて しる。

よりかかる

かべに よりかかる。

じぶんの からだを ほかの ものに くっつけて ささえる。

よりみち

こうえんに よりみちを する。

きめた ばしょへ いく とちゅうに、どこか べつの ばしょに よる こと。

よる
よるに はなびを する。

→ いちにち

たいようが しずんでから また のぼるまでの、くらい じかん。

よる
ようちえんの かえりに ケーキやさんに よる。

どこかに いく とちゅうに、ちがう ばしょに いく。

よろける
いしに つまずいて よろける。

あしが ふらふら して たおれそうに なる。

よろこぶ
プレゼントを もらって よろこぶ。

↕ かなしむ

うれしい きもちに なる。

よわい
おとうさんは ゆびずもうが よわい。

↕ つよい

ちからが すこししか ない ようす。

よわむし
うちの いぬは よわむしだ。

ちょっと した ことでも すぐに ないたり こわがったり する こと。

よわる
あつくて からだが よわる。

からだや きもちに ちからが なくなる。

よわる
みちが わからなく なって よわる。

どう すれば いいのか こまる。

ラ　ら

らいねん
らいねんは いちねんせいに なる。

ことしの つぎに くる とし。

らく
この いすは らくだ。

くるしい ことや つらい ことが ない ようす。

らくがき
へいに らくがきを しては いけないよ。

ふざけて えや じを かく こと。

らんぼう
おとうとは おこると らんぼうに なる。

すぐ たたいたり ぶったり して、やさしく ない ひとの ようす。

り　り

りく
りくを めざして ボートを こぐ。 
うみや みずうみでは なく、つちの ある ところ。

りこう
うちの いぬは りこうだ。 
かんがえたり したり する ことが、とても はやくて ただしい こと。

りっぱ
おうさまは りっぱな おしろに すむ。 
ほめたく なるくらい すばらしい ようす。

りゆう
けんかを した りゆうを はなす。 
なにかが おきた わけ。

りゅう
りゅうが そらを のぼる。

おおきな へびに にて、そらを とべると いわれる いきもの。

りょうし
りょうしが あみで さかなを とる。

うみで さかなや かいを とる しごとを する ひと。

りょうし
りょうしが てっぽうを うつ。

やまで とりや けものを とる しごとを する ひと。

りょうほう
みかんも りんごも りょうほう すきだ。

ふたつ ある ものの どっちも。

↕ かたほう

りょうり
おとうさんと いっしょに りょうりを する。

にたり やいたり して たべものを つくる こと。

りょこう
れっしゃで りょこう する。

いえから はなれた ところに とまって、あちこち みて まわる こと。

りりく
ひこうきが りりく する。

じめんを はなれて そらに むかう こと。

↕ ちゃくりく

リレー
リレーの せんしゅに なる。

なんにんかで じゅんばんに はしる かけっこ。

404

ル　る

ルール
きた じゅんばんに ならぶのが ルールです。

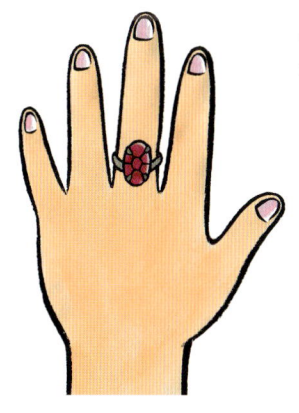

るすばん
いもうとと ふたりで るすばんを する。
いえの ひとが でかけて いない ときに、いえを まもる こと。

るす
みんなで いえを るすに する。
そとに でかけて いえに いない こと。

まもるように きめた こと。

ルビー
おかあさんの ルビーの ゆびわ。
あかい いろを した きれいな ほうせき。

レ　れ

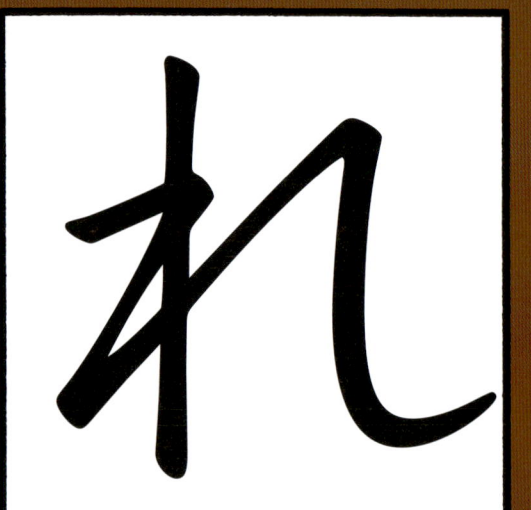

れい → おれい

れいぎ
れいぎの ただしい こども。

レース
レースの ついた ハンカチ。

いとを あんで つくった、むこうがわが みえるような もようの ぬの。

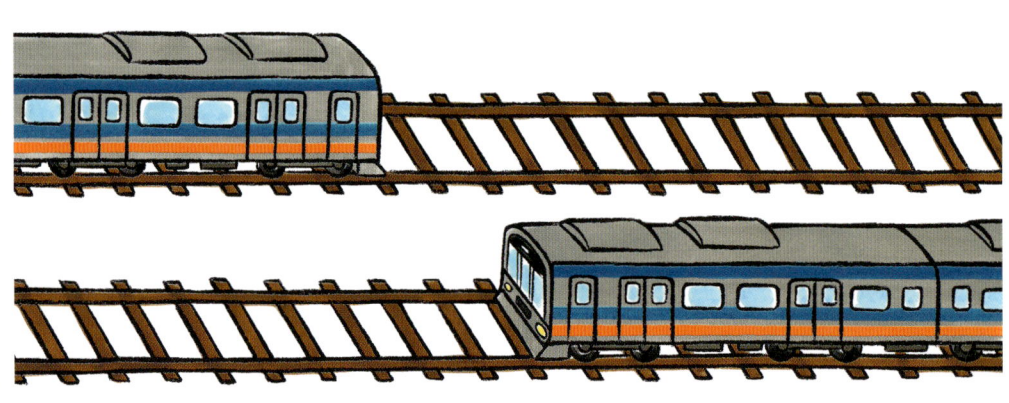

レール
レールの うえを でんしゃが はしる。

れっしゃを はしらせる ために しいた、2ほんの てつの ぼう。

レストラン

レストランで
しょくじを する。

いろいろな
りょうりを
たべさせて くれる
おみせ。

れつ

ありが れつを
つくって あるく。

ずらりと ながく
ならんだ もの。

れっしゃ

あかい れっしゃが はしる。

ながく つながって ひとや
ものを はこぶ でんしゃ。

れんが

れんがの いえに すむ。

かべや みちを つくるのに
つかう、ねんどを やいて
かたく した もの。

れんこん

きょうの おかずは れんこんの
にもの。

たくさんの あなが あいて
いる やさい。

れんしゅう

たいこを たたく れんしゅうを
する。

じょうずに なる ために
なんども やる こと。

ロ ろ

ろうか
ながい ろうかを あるく。

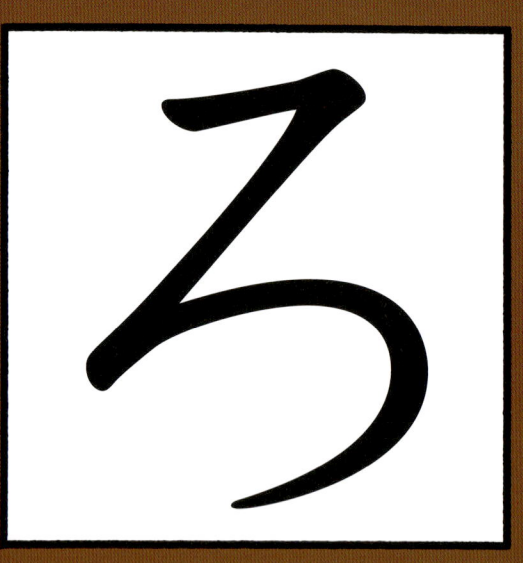

へやと へやを つなぐ みち。

ろうそく
ケーキに ろうそくを たてる。

ろうを かためて あかりに つかう もの。

ろうや
ろうやに はいった どろぼう。

わるい ことを した ひとを とじこめる ところ。

ロボット
ことばを しゃべる ロボット。

ひとに よく にた かたちを した、でんきで うごく きかい。

ワ わ

わ
わに なって すわる。
なかが あいた まるい かたち。

わかい
わかい ひとが おとしよりを たいせつに する。
まだ たくさん としを とって いない ようす。

わかす
なべで おゆを わかす。
みずを あたためて おゆに する。

わがまま

いもうとは わがままだ。

ひとの ことを かんがえないで じぶんの したいように する こと。

わかる

せんせいの はなしが よく わかる。

ただしい いみを しる ことが できる。

わかれる

みちが ふたつに わかれる。

ひとつだった ものが いくつかに はなれる。

わかれる

もんの まえで ともだちと わかれる。

いっしょだった ひとが、さようならを して はなれて いく。

わき

ほんを わきに おく。

すぐ そばの よこ。

わく

おふろの おゆが わく。

みずが あつく なって おゆに なる。

わく

きれいな みずが わく。

みずが じめんの なかから どんどん でて くる。

わけ

ないて いる わけを せんせいに はなす。

どうして そう なったかと いう こと。

わける

すいかを 8つ(やっ)に わける。

ひとつの ものを いくつかに する。

わざと

わざと あしを ふむ。

しない ほうが いいと わかって いて、する ようす。

わざわざ

わざわざ いえまで わすれものを とどけて くれた。

ふつうは しない ことを とくべつに する ようす。

わずか

おこづかいの のこりが わずかだ。

とても すくない ようす。

わすれもの

こうえんに わすれものを する。

うっかり して、どこかに おいて きて しまった もの。

わすれる

おつかいの ようじを わすれる。

おぼえて いた ことを おもいだせなく なる。

わすれる

でんしゃの なかに かさを わすれる。

うっかり して、どこかに おいて きて しまう。

わた

クッション(くっしょん)に わたを つめる。

ふとんの なかなどに いれる、しろくて ふわふわ した もの。

わたし

わたしは 5(ご)さいです。

じぶんの ことを いう ときに つかう よびかた。

わたす

たんじょうびの おくりものを わたす。

じぶんの てから あいての てに ものを うつす。

わたりどり

わたりどりが きたに かえる。

きまった きせつにだけ、とおい ところから やって くる とり。

わたる

はしを わたる。

ものの うえを とおって むこうがわへ いく。

わな

たぬきが わなに かかる。

とりや どうぶつを つかまえる ために つくった どうぐ。

わびる

たぬきが おじいさんに わびる。

じぶんが わるかったと おもって あやまる。

わめく

かえりたくないと わめく。

おおきな こえで さけぶ。

わら

わらで つくった なわ。

いねや むぎの くきを ほした もの。

わらう

ほんを よんで わらう。

うれしい ときや おかしい ときに、にっこり したり わははと こえを だしたり する。

わる

たまごの からを わる。

ちからを いれて、ひとつの ものを いくつかに わかれるように する。

わるい

ひとを たたくのは わるい ことだ。

ただしく なかったり、うまく いかなかったり する ようす。

↕ いい

われる

まどの ガラス（がらす）が われる。

ものが こわれて ばらばらに なる。

わりこむ

れつに わりこむなんて いけないよ。

じゅんばんを まもらないで むりに なかに はいる。

わるくち

ともだちの わるくちを いっては いけません。

ひとの ことを わるく いう こと。

わんぱく

となりの おとこの こは わんぱくだ。

こどもが、いたずらが すきで まわりの ひとが こまる ようす。

ヲ を

かおを あらう。

うえを むく。

みずを のむ。

ほんを よむ。

ン ん

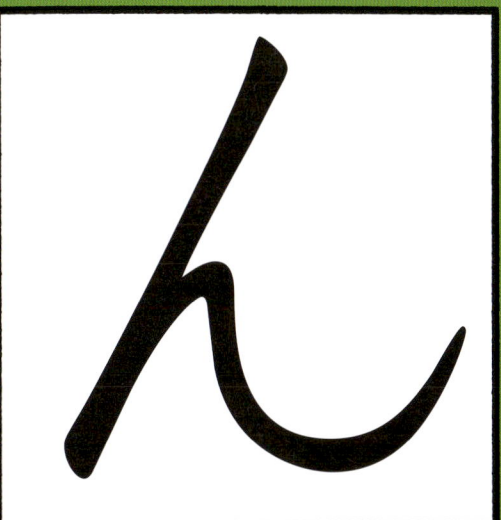

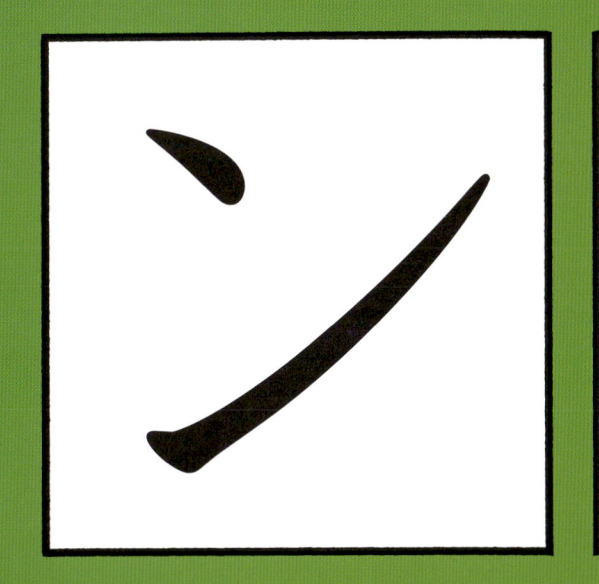

にんぎょ

ハンバーグ

ペンギン

せっけん

はじめに 「ん」の つく ことばは ありません。
「ん」で おわる ことばは しりとりには つかえません。

ようい	396
ようじ	397
ようじん	397
ようす	397
ようせい	397
ようちえん	397
ようふく	397
ヨーヨー◆	23
よく	397
よくばる	397
よけい	398
よける	398
よこ	398
よこぎる	398
よごす	398
よこたわる	398
よこどり	398
よこになる	399
よごれる	399
よじのぼる	399
よす	399
よせる	399
よそ	399
よそみ	399
よそゆき	399
よだれ	400
ヨット◆	295
よなか	400
よぶ	400
よほう	400
よぼう	400
よむ	400
よりかかる	400
よりみち	400
よる（夜）	32・401
よる（寄る）	401
よろける	401
よろこぶ	401
よわい	401
よわむし	401
よわる	401
よん（4）	89

ら ラ

ライオン◆	254
らいねん	402
らく	402
らくがき	402
らんぼう	402

り リ

りく	403
りこう	403
りっぱ	403
リボン◆	22
りゆう	403
りゅう	404
りょうし（漁師）	404
りょうし（猟師）	404
りょうほう	404
りょうり	404
りょこう	404
りりく	404
リレー	404
りんご◆	23・128

る ル

ルール	405
るす	405
るすばん	405
ルビー	405

れ レ

れい（礼）→おれい	78
れい（零（0））◆	89
れいぎ	406
れいぞうこ	27
レインコート	333
レース	406
レール	406
レストラン	407
レタス◆	387
れつ	407
れっしゃ◆	22・407
レモン	128
れんが	407
れんげそう	309
れんこん	386・407
れんしゅう	407

ろ ロ

ろうか	408
ろうそく	408
ろうや	408
ろく（6）◆	88
ろくがつ	34
ロボット	408

わ ワ

わ（〜羽）	90
わ（輪）	409
わかい	409
わかす	409
わがまま	410
わかる	410
わかれる（分かれる）	410
わかれる（別れる）	410
わき（脇）	410
わき（腋）	103
わく（沸く）	410
わく（湧く）	410
わけ	410
わける	411
わざと	411
わざわざ	411
わし（鷲）	266
わずか	411
わすれもの	411
わすれる	411
わた	411
わたし	93・412
わたす	412
わたりどり	412
わたる	412
わな	412
わびる	412
わめく	412
わら	412
わらう	413
わりこむ	413
わる（割る）	413
わるい	413
わるくち	413
われる	413
わんぱく	413
ワンピース	333

みやげ→おみやげ	74
みやこ	368
みょう	368
みらい	368
みる	368
みるみる	368
みわたす	368
みんな	368

む ム

むかう	369
むかえる	369
むかし	369
むき	370
むぎ	369
むぎわらぼうし	371
むく（向く）	371
むく（剥く）	371
むける	371
むごい	371
むこう	371
むし	372
むしあつい	371
むしかご	371
むしば	373
むしめがね	373
むしる	373
むす	373
むずかしい	373
むすこ	373
むすぶ	373
むすめ	373
むだ	374
むちゃ	374
むちゅう	374
むね	102
むら	374
むらがる	374
むらさき◆	40
むり	374
むりやり	374
むれ	374

め メ

め（目）◆	83
め（芽）	375
めいじん	375
めいちゅう	375
めいれい	375
めいろ	376
めいわく	376
めがける	376
めくる	376
めざす	376
めざましどけい	376
めざめる	376
めす	377
めずらしい	377
めだか	155
めだつ	377
めだま	377
めちゃくちゃ	377
めてたい	377
メニュー	377
メロン	128
めんどうくさい	377

も モ

もう	378
もうしわけない	378
もうふ	378
もえる	378
もがく	379
もぐ	379
もくようび	33
もぐる	379
もし	379
もじ	379
もたげる	379
もたれる	379
もち	379
もちあげる	380
もちろん	380
もつ（持つ）	380
もっきん	97
もったいない	380
もっと	380
もつれる	380
もてなす	380
もと	381
もどす	381
もどる	381
もの	381
ものおき	381
ものがたり	381
ものさし	339
ものしり	382
モノレール	294
もみじ	111
もむ	382
もも（桃）◆	129
もも（腿）	102
ももいろ◆	40
もものせっく	34
もやす	382
もよう	382
もらう	382
もらす	382
もり（森）	383
もる	383
もれる	383
もん（門）	383
もんく	383
もんだい	383

や ヤ

や（矢）	384
やがて	384
やかましい	384
やかん	26
やきゅう◆	198
やく（役）	384
やく（焼く）	385
やくそく	385
やくにたつ	385
やくめ	385
やけど	385
やける	385
やさい	387
やさしい（易しい）	385
やさしい（優しい）	385
やじるし	388
やすい	388
やすみ	388
やすむ	388
やせい	388
やせる	388
やっつける	388
やっと	389
やっぱり	389
やどかり	389
やなぎ	111
やね	26・389
やぶ	389
やぶる	389
やぶれる	389
やま	108・390
やまびこ	390
やみ	390
やむ	390
やめる	390
やる	390
やわらかい	390
やんちゃ	390

ゆ ユ

ゆ（湯）→おゆ	77
ゆうえんち	391
ゆうがた	32・391
ゆうかん	391
ゆうき	392
ユーターン	392
ゆうだち	392
ゆうびんきょく	392
ゆうめい	392
ゆうやけ	392
ゆうれい	392
ゆか	393
ゆかい	393
ゆき	393
ゆきがっせん	393
ゆきだるま	393
ゆく→いく（行く）	29
ゆげ	393
ゆすぐ	393
ゆする	393
ゆずる	394
ゆたか	394
ゆだん	394
ゆっくり	394
ゆてる	394
ゆのみ	183
ゆび◆	102
ゆびきり	394
ゆびわ	394
ゆみ	394
ゆめ	395
ゆるい	395
ゆるす	395
ゆるむ	395
ゆるめる	395
ゆれる	395
ゆわえる	395

よ ヨ

よあけ	396
よい→いい	25
よう（酔う）	396

ぼう	344	ほる	350	まちがえる	356	みおくる	361
ぼうえんきょう	344	ほん（本）	350	まちどおしい	356	みがく	362
ほうがく	344	ほん（〜本）	90	まちぶせ	356	みかた	362
ほうき	344	ほんき	350	まつ（松）	111	みかづき	362
ぼうけん	344	ほんだな	26	まつ（待つ）	356	みがる	362
ほうこう	345	ほんとう	350	まっくら	356	みかん	128
ぼうし	345	ほんもの	350	まつげ	83	みき	362
ほうせき	345	ぼんやり	350	まっすぐ	356	みぎ	362・370
ほうび→ごほうび	148			マッチ	357	みぎて	103
ほうる	345	**ま マ**		マット	357	みごと	362
ほうれんそう◆	387			まつり→おまつり	74	みさき	363
ほえる	345	マーガリン	351	まと	357	みじかい	363
ほお◆	83	まい（〜枚）	90	まど◆	27・357	みず◆	23・363
ホース	345	まいあがる	351	まとめる	357	みずうみ	363
ほおずり	345	マイク	351	まなぶ	357	みずぎ	363
ボート◆	295	まいご	351	まにあう	357	みずたまり	363
ほおばる	345	まいにち	352	まね	357	みずのみば	141
ボール◆	23	まう（舞う）	352	まねく	358	みずべ	364
ほか	346	まえ	352・370	まばたき	358	みせ→おみせ	74
ぼく	93・346	まかせる	352	まぶしい	358	みせびらかす	364
ぼくじょう	346	まがりかど	352	まぶた	83	みせる	364
ほくろ	346	まがりくねる	352	まほう	358	みそ	364
ポケット	346	まがる	352	まほうつかい	358	みぞ	364
ほこり	346	まき（薪）	352	ママ→おかあさん◆	58・93	みそしる	364
ほし◆	22・347	まきつく	353	ままごと	358	みぞれ	364
ほしい	347	まきば	353	まめ	358	みだしなみ	365
ほじくる	347	まく（巻く）	353	まもなく	358	みだれる	365
ほす	347	まく（蒔く）	353	まもる	359	みち	365
ポスト	347	まく（撒く）	353	まゆげ	83	みちくさ	365
ほそい	347	まくる	353	まよう	359	みちばた	365
ほそながい	347	まける	353	まよなか	359	みつ	365
ほたる	347・372	まげる	353	まる◆	94	みつかる	365
ボタン	348	まご	354	まるい	359	みつける	366
ほっきょく	348	まごつく	354	まるた	359	みっともない	366
ホッチキス	339	まざる→まじる	354	まるめる	359	みつめる	366
ホットケーキ◆	60	まじめ	354	まわす	359	みどり◆	40
ほっとする	348	まじょ	354	まわり	360	みとれる	366
ポップコーン◆	60	まじる	354	まわる	360	みなと	366
ほっぺた◆	83	まじわる	354	まんいん	360	みなみ	344・366
ほどう	348	まずい	354	まんが	360	みにくい	366
ほどうきょう	348	マスク	354	まんげつ	360	みのむし	367
ほどく	348	まずしい	355	まんぞく	360	みのる	367
ほどける	349	ますます	355	まんなか	360	みはる	367
ほとんど	349	まぜる	355	まんまと	360	みぶるい	367
ほにゅうびん	349	まだ	355			みまい→おみまい	74
ほね	349	またがる	355	**み ミ**		みまわす	367
ほのお	349	またぐ	355			みまわり	367
ほほえむ	349	またたく	355	み（巳（へび））◆	177	みみ◆	83
ほめる	349	まだら	355	み（実）	361	みみず	367
ほら	349	まち（町）	356	みあげる	361	みみたぶ	83
ほらあな	350	まちあわせ	356	みえる	361	みゃく	367

418

ひげ	318
ひこうき◆	295
ひざ	102
ひさし	319
ひざし	319
ひさしぶり	319
ひじ	103
ひしがた◆	94
びじゅつかん	319
びしょぬれ	319
ひたい	83
ひたす	319
ひだり	319・370
ひだりて	103
ひっかかる	320
ひっかく	320
ひっかける	320
びっくり	320
ひっくりかえす	320
ひっくりかえる	320
ひっこし	320
ひっこめる	320
ひっし	321
ひつじ◆	177
ぴったり	321
ひっぱる	321
ひづめ	321
ひと	321
ひどい	321
ひとごみ	321
ひとさしゆび	102
ひとみ	322
ひとやすみ	322
ひとり	90
ひとりごと	322
ひとりでに	322
ひとりぼっち	322
ひな	322
ひなた	322
ひなたぼっこ	322
ひなまつり	34
ひねくれる	323
ひねる	323
ひび	323
ひびく	323
ひま	323
ひまわり	308
ひみつ	323
ひも	323
ひやかす	324
ひやけ	324

ひやす	324
ひょう（雹）	324
びょういん	324
びょうき	324
ひょうじょう	324
ひょうばん	324
ひよけ	325
ひよこ	325
ひらがな	325
ひらく	325
ひらたい	325
ピラミッド	325
ひらめ	155
ひらめく	325
びり	326
ひりょう	326
ひる（昼）	32・326
ビル	326
ひるね	326
ひろい	326
ひろう	326
ひろがる	327
ひろげる	327
ひろば	327
ひろびろ	327
びわ	129
びん	327
びんかん	327
ピンク◆	40
ヒント	327

ふ フ

ファスナー	328
ふうせん	328
ブーツ	328
ふうとう	328
プール	329
ふえ	329
ふえる	329
フェルトペン	339
フォーク◆	183
ふかい	329
ふかす	329
ふきげん	329
ふきん	329
ふく（服）	333
ふく（吹く）	330
ふく（拭く）	330
ふぐ	155
ふくらはぎ	103

ふくらます	330
ふくらむ	330
ふくろ	330
ふくろう	266
ふける	330
ふさ	330
ふさぐ	331
ふざける	331
ふし（節）	331
ぶじ	331
ふしぎ	331
ふせぐ	331
ふせる	331
ふた	334
ぶた◆	22
ぶたい	334
ふたご	334
ふたり	90
ふち	334
ぶち	334
ぶつ	334
ふつう	334
ぶつかる	335
ぶつける	335
ふで	339
ふでばこ	339
ふとい	335
ぶどう◆	22・128
ふとる	335
ふな	155
ふね◆	295
ふぶき	335
ぶぶん	335
ふべん	335
ふみきり	336
ふむ（踏む）	336
ふもと	336
ふやす	336
ふゆ	115・336
ふゆごもり→とうみん	253
ブラウス	333
ぶらさがる	336
ブラシ	336
ぶらんこ◆	141
ふりかえる	336
ふりしぼる	337
ふりむく	337
プリン◆	60
ふる（降る）	337
ふる（振る）	337
ふるい	337

ふるえる	337
ふるさと	337
ブレーキ	338
プレゼント	338
ブローチ	338
ふろく	338
ふろしき	338
ブロッコリー	387
ふろば◆	26
ふんすい	338
ふんばる	338
ぶんぼうぐ	339

へ ヘ

へい（塀）	340
へいき	340
へいわ	340
ページ	340
へこむ	341
ベスト	332
へそ	102
へた	341
べつ	341
ペット	341
ベッド◆	26
べつべつ	341
へび◆	177
へや	341
へらす	341
ベランダ	27
ヘリコプター	295
へる	342
べろ	83
へん（変）	342
へんか	342
ペンキ	342
べんきょう	342
ペンギン	415
へんじ	342
へんしん	342
ベンチ	141
べんとう→おべんとう	73
べんり	342

ほ ホ

ほ（帆）	343
ほ（穂）	343
ほいくえん	343
ほう	343

のばす	292
のはら	292
のびる	292
のぼる	292
のみもの	292
のむ	292
のり（糊）	293・339
のり（海苔）	293
のりしろ	293
のりもの	295
のる（乗る）	293
のる（載る）	293
のろい	293
のんき	293
のんびり	293

は ハ

は（葉）	296
は（歯）◆	83
ばあさん→おばあさん◆	72・93
パーティー	296
ハート◆	94
ハーモニカ	97
はい（灰）	296
はい（〜杯）	90
バイオリン◆	23・97
ばいきん	297
ハイキング	297
はいたつ	297
パイナップル	128
はいる	297
パイロット	297
はう	297
はえる	297
はおる	298
はか（墓）→おはか	72
はがき	298
はがす	298
ばかす	298
はかり	298
はかる	298
はきもの	298
はく（吐く）	299
はく（掃く）	299
はく（履く）	299
はぐ	299
はくさい	387
はくしゅ	299
はくちょう	266
ばくはつ	299

はくぶつかん	299
はぐれる	299
はげしい	300
バケツ	300
はげます	300
はげる	300
ばける	300
はこ◆	23・300
はこぶ	300
はさまる	300
はさみ	339
はさむ	301
はし（橋）	301
はし（端）	301
はし（箸）	183・301
はじく	301
はじける	301
はしご	301
はじまる	301
はじめ	302
はじめて	302
はじめる	302
はしゃぐ	302
パジャマ◆	302・332
ばしょ	302
はしら	302
はしる	302
バス◆	294・303
はずかしい	303
はずす	303
はずむ	303
はずれ	303
はずれる	303
はた	303
はだ	304
バター	304
はだか	304
はたく	304
はたけ	304
はだし	304
はたらく	304
はち（8）◆	88
はち（蜂）◆	372
ばち	304
はちがつ	35
はちきれる	305
はちみつ	305
ばつ	305
はっきり	305
はっけん	305
ばった	372

バット	305
はっぱ→は（葉）	296
はっぴょう	305
はつめい	305
はと	266
パトカー	306
はな（花）◆	22・309
はな（鼻）◆	83
はなし	306
はなしあう	306
はなしかける	306
はなす（放す）	306
はなす（話す）	306
はなす（離す）	306
はなたば	306
バナナ	128
はなび	307
はなびら	307
はなればなれ	307
はなれる	307
はにかむ	307
はね	307
ばね	307
はねる	307
はは（母）→おかあさん◆	58・93
はば	310
パパ→おとうさん◆	68・93
はばたく	310
ははのひ	34
はま	310
はまる	310
はみがき	310
はみだす	310
ハム	310
はめる	310
はやい（早い）	311
はやい（速い）	311
はやおき	311
はやし	311
はやる	311
はら（腹）	102
はらう	311
はらがたつ	312
はらっぱ	312
ばらばら	312
ばらまく	312
バランス	312
はり（針）	312
はりきる	312
はる（春）	115・312
はる（貼る）	313

はるか	313
はるばる	313
はれ（晴れ）	313
はれつ	313
はれる（晴れる）	313
はれる（腫れる）	313
ばれる	313
ばん（晩）	32・314
ばん（番）→じゅんばん	179
パン	314
ハンガー	314
ハンカチ	314
パンク	314
はんこ	314
ばんざい	314
はんせい	314
はんそで	315
パンダ◆	254
はんたい	315
パンツ	332
ハンドバッグ	315
ハンドル	315
はんにん	315
ハンバーグ	415
はんぶん	315
ハンモック	315

ひ ヒ

ひ（日）	108・316
ひ（火）	108・316
ピアノ	97
ピーマン	387
ひえる	316
ひかげ	316
ひがさ	317
ひがし	317・344
ひがむ	317
ひからびる	317
ひかり	317
ひかる	317
ひき（〜匹）	90
ひきかえす	317
ひきずる	317
ひきょう	318
ひく（引く）	318
ひく（弾く）	318
ひく（轢く）	318
ひくい	318
ピクニック	318
ひぐれ	318

420

とる（撮る）	268	なぞ	273	にく	279	**ねネ**	
どれ	268	なぞなぞ	274	にくい	279		
トレーナー	332	なぞる	274	にくむ	280	ね（子（ねずみ））◆	177
とれる	268	なだかい	274	にくらしい	280	ね（根）	286
どろ	268	なだめる	274	にげる	280	ねえさん→おねえさん◆	71・93
どろぼう	268	なつ	115・274	にごる	280	ねがう	286
どんぐり	268	なつく	274	にし	280・344	ねがお	286
トンネル	268	なつまつり	35	にじ	280	ねかす	287
どんぶり	183	なつやすみ	274	にじむ	280	ねぎ	387
とんぼ	372	なてる	274	にせもの	281	ネクタイ	287
		なな（7）◆	88	にちようび	33	ねこ◆	23
なナ		ななめ	275	にもつ	281	ねごと	287
		なに	275	にゅういん	281	ねころぶ	287
ない	269	なのはな	309	にゅうえんしき	34	ねじる	287
ないしょ	269	なべ	26・275	にゅうがく	281	ねじれる	287
ナイフ◆	183	なま	275	ニュース	281	ねずみ◆	177
なえ	269	なまいき	275	にゅうどうぐも	281	ねぞう	287
なおす（治す）	269	なまえ	275	にらむ	281	ねそべる	288
なおす（直す）	270	なまける	275	にる（似る）	282	ねだる	288
なおる（治る）	270	なみ（波）	275	にる（煮る）	282	ねだん	288
なおる（直る）	270	なみき	276	にわ◆	27	ねつ	288
なか（中）	270	なみだ	276	にわかあめ	282	ネックレス→くびかざり	130
なか（仲）	270	なみだぐむ	276	にわとり◆	177	ねばる	288
ながい	270	なめらか	276	にん（〜人）	90	ねぼう	288
ながぐつ	270	なめる	276	にんき	282	ねぼける	288
ながす	271	なやむ	276	にんぎょ	415	ねまき◆	288・332
ながそて	271	ならう	276	にんぎょう	282	ねむい	289
なかなおり	271	ならす	276	にんげん	282	ねむる	289
なかま	271	ならぶ	277	にんじん◆	386	ねらう	289
なかまはずれ	271	ならべる	277			ねる（練る）	289
ながめ	271	なる（成る）	277	**ぬヌ**		ねる（寝る）	289
ながめる	271	なる（鳴る）	277			ねんがじょう	289
なかゆび	102	なる（生る）	277	ぬいぐるみ	283	ねんど	289
なかよし	271	なれなれしい	277	ぬう	283		
ながれぼし	272	なれる	277	ぬかる	283	**のノ**	
ながれる	272	なんきょく	277	ぬかるみ	284		
なきごえ（泣き声）	272			ぬく	284	ノート	339
なきごえ（鳴き声）	272	**にニ**		ぬぐ	284	のき（軒）	290
なきむし	272			ぬけがら	284	のけぞる	290
なく（泣く）	272	に（2）◆	89	ぬける	284	のける	290
なく（鳴く）	272	にあう	278	ぬげる	284	のこぎり	291
なぐさめる	272	にいさん→おにいさん◆	71・93	ぬすむ	284	のこす	291
なくす	273	におい	278	ぬの	284	のこり	291
なくなる	273	におう	278	ぬま	285	のこる	291
なぐる	273	にがい	278	ぬらす	285	のせる	291
なげく	273	にがす	279	ぬりえ	285	のぞく	291
なげる	273	にがつ	35	ぬる	285	のぞみ	291
なさけない	273	にがて	279	ぬるい	285	ノック	291
なし（梨）◆	128	にぎやか	279	ぬれる	285	のど	83
なす	387	にぎる	279			のどか	292
なぜ	273	にぎわう	279				

つまる	241
つみ	242
つみき	242
つむ（積む）	242
つむ（摘む）	242
つむぐ	242
つむじ	103
つむる→つぶる	240
つめ	102
つめこむ	242
つめたい	242
つめる	242
つもる	243
つや	243
つゆ（露）	243
つゆ（梅雨）	243
つよい	243
つらい	243
つらら	243
つり	244
つりあう	244
つる（蔓）	244
つる（釣る）	244
つるす	244
つれもどす	244
つれる	244

て・テ

て（手）◆	102
てあう	245
てあて	245
ていあん	245
ティーシャツ	333
ていてん	245
ていねい	246
ていりゅうじょ	246
テープ	246
テーブル◆	26
でかける	246
てがみ◆	23・246
てがら	246
てき	246
てきあがる	246
てきごと	247
てきたて	247
てきる	247
てぐち	247
てくび	102
てこずる	247
てこぼこ	247
てごわい	247
デザート	248
てさぐり	248
てじな	248
てしゃばる	248
てたらめ	248
てつだい→おてつだい	68
てつだう	248
てっぱる	248
てっぺん	248
てつぼう	141
てっぽう	249
テニス◆	198
てのこう	102
てのひら	102
デパート	249
てぶくろ	249
てほん	249
てまえ	249
てまねき	249
てらす	249
てる	249
てる	250
てるてるぼうず	250
てれくさい	250
てれる	250
てわけ	250
てん（点）	250
てんき	250
てんき	251
てんきよほう	251
てんぐ	251
てんしゃ◆	294
てんじょう	251
てんせん	251
てんち	251
てんちゅう	251
テント	251
てんとうむし	372
てんわ	27

と・ト

と（戸）◆	26
ドア◆	26
トイレ	27
とう（〜頭）	90
どうぐ	252
とうげ	252
どうさ	252
とうさん→おとうさん◆	68・93
どうして	252
とうだい	253
とうちゃく	253
とうとい	253
とうとう	253
どうどう	253
とうふ	253
どうぶつ	255
どうぶつえん◆	22・253
とうみん	253
とうめい	256
どうろ	256
とおい	256
とおす	256
とおせんぼ	256
ドーナツ◆	61
とおのく	256
とおまわり	256
とおり	257
とおりかかる	257
とおりすぎる	257
とおる	257
とかい	257
とかす（溶かす）	257
とかす（梳かす）	257
とがる	257
とき	258
ときどき	258
どきょう	258
とく（得）	258
とく（解く）	258
どく（毒）	258
どく（退く）	258
とくい	259
とくべつ	259
とげ	259
とけい◆	26
とける（解ける）	259
とける（溶ける）	259
どける→のける	290
どこ	259
ところ	259
とさか	260
とし	260
とじこめる	260
どしゃぶり	260
どじょう	155
としょかん	260
とじる	260
とたん	260
とち	260
とちゅう	261
とっく	261
どっさり	261
とっしん	261
とつぜん	261
どっち	261
どて	261
とても	261
とどく	262
とどける	262
ととのえる	262
とどろく	262
となかい	262
となり	262
どなる	262
とばす	262
とびあがる	263
とびうお	155
とびおりる	263
とびこむ	263
とびだす	263
とびばこ	263
とびら	263
とぶ（飛ぶ）	263
とぶ（跳ぶ）	264
どぶ	264
とほうにくれる	264
とぼける	264
トマト◆	387
とまる（止まる）	264
とまる（泊まる）	264
とめる（止める）	264
とめる（留める）	264
ともす	265
ともだち	265
どようび	33
とら◆	177
トライアングル	97
ドライブ	265
トラック	265
ドラム	97
トランプ	265
とり◆	177・266
とりあえず	265
とりかえす	265
とりかえる	267
とりかかる	267
とりかご	267
どりょく	267
とる（取る）	267
とる（採る）	267

だす	218	だめ	224	ちず	230	つかれる	235
たすかる	218	ためいき	224	ちち（父）→おとうさん◆	68・93	つき（月）	235
たすける	218	ためす	224	ちちのひ	34	つぎ	235
たずねる（訪ねる）	218	ためる	224	ちぢまる	230	つぎつぎ	236
たずねる（尋ねる）	218	たよる	224	ちぢむ	230	つく（付く）	236
ただ	218	だらけ	224	ちぢめる	230	つく（着く）	236
だだ	218	だらしない	224	ちぢれる	230	つく（突く）	236
ただいま	11	たらす	224	ちへいせん	230	つく（点く）	236
たたかう	218	たりない	225	ちゃいろ◆	40	つく（搗く）	236
たたく	219	たりる	225	ちゃくりく	230	つぐ（注ぐ）	236
ただしい	219	だるい	225	チャック→ファスナー	328	つくえ◆	26
たたみ	219	だるま	225	ちゃめっけ	231	つくし	237
たたむ	219	たるむ	225	ちゃわん	183	つくる	237
ただよう	219	だれ	225	チャンス	231	つけね	237
たちあがる	219	たれる	225	ちゃんと	231	つける（付ける）	237
たちどまる	219	たわむ	225	ちゅうい	231	つける（点ける）	237
たちまち	219	だん（段）	226	ちゅうくらい	231	つける（漬ける）	237
たつ（竜）◆→りゅう	177・404	たんけん	226	ちゅうし	231	つたえる	237
たつ（立つ）	220	だんご	60	ちゅうしゃ（注射）	231	つたわる	238
たつ（建つ）	220	たんごのせっく	34	ちゅうしゃじょう	231	つち	238
たつ（経つ）	220	たんこぶ→こぶ	148	ちゅうしん	232	つちふまず	103
たっぷり	220	たんじょうび	226	ちゅうふく	232	つつ（筒）	238
たて（縦）	220	たんす	26	ちゅうもん	232	つつく	238
たてがみ	220	ダンス	226	チューリップ	309	つづく	238
たてもの	220	だんだん	226	ちょうじょう	232	つづける	238
たてる（立てる）	221	タンバリン	97	ちょうちょう◆	372	つっこむ	238
たてる（建てる）	221	たんぽ	226	ちょうど	232	つっぱる	239
たとえる	221	たんぽぽ	309	ちょきん	232	つつむ	239
たどりつく	221	だんろ	226	チョコレート◆	60	つな	239
たどる	221			チョッキ	332	つながる	239
たなばた	35	ち チ		ちょっと	232	つなぐ	239
たなびく	221			ちらかす	233	つねる	239
たに	221	ち（血）	227	ちらす	233	つの	239
たね	222	ちいさい	227	ちらつく	233	つば	240
たのしい	222	チーズ	227	ちらばる	233	つばき	308
たのしむ	222	ちえ	227	ちり	233	つばさ	240
たのむ	222	ちか	228	ちりとり	233	つばめ	266
たばねる	222	ちかい	228	ちりばめる	233	つぶ	240
たび（旅）→りょこう	404	ちかう	228	ちる	233	つぶす	240
たびたび	222	ちがう	228			つぶやく	240
たぶん	222	ちかしつ	228	つ ツ		つぶる	240
たべもの	222	ちかづく	228			つぶれる	240
たべる	223	ちかてつ	294	ついばむ	234	つぼ	240
たま（玉）	223	ちかみち	229	つえ	234	つぼみ	241
たまご◆	23・223	ちかよる	229	つかい→おつかい	68	つぼむ	241
だます	223	ちから	229	つかう	234	つぼめる	241
たまに	223	ちからもち	229	つかえる	234	つまさき◆	103
たまねぎ◆	386	ちきゅう	229	つかまえる	235	つまずく	241
たまらない	223	ちぎる	229	つかまる	235	つまみぐい	241
たまる	223	ちぎれる	229	つかむ	235	つまむ	241
だまる	223	ちこく	229	つかる	235	つまらない	241

423

すずめ	266
すすめる	194
すする	194
スタート	194
ずつ	195
すっかり	195
すっきり	195
ずっと	195
すっぱい	195
すてき	195
すてる	195
ストーブ	196
ストップ	196
ストロー	183
すな	196
すなお	196
すなば	141
すなはま	196
すね	102
すねる	196
スパゲッティ	196
すばしっこい	196
すばやい	197
すばらしい	197
スピード	197
スプーン◆	183
ずぶぬれ	197
すべて	197
すべりだい◆	141
すべる	197
スポーツ	198
ズボン◆	332
すます（済ます）	197
すます（澄ます）	197
すみ（炭）	199
すみ（隅）	199
すみ（墨）	199
すみれ	309
すむ（住む）	199
すむ（済む）	199
すむ（澄む）	199
すもう	198
ずらす	199
スリッパ	26
すりむく	199
する	200
ずるい	200
すると	200
すれちがう	200
ずれる	200
すわりこむ	200
すわる	200

せ セ

せい（背）	201
せい（所以）	201
せいえん	201
せいこう	201
せいざ（正座）	202
せいざ（星座）	202
ぜいたく	202
せいと	202
せいとん	202
セーター	332
せおう	202
せかい	202
せかす	203
せき（席）	203
せき（咳）	203
せきばらい	203
せっかち	203
せっけん	415
ぜったい	203
せつぶん	35
せつめい	203
せつやく	203
せなか◆	103
せのび	204
せびろ	204
せまい	204
せみ◆	372
せめる（責める）	204
せめる（攻める）	204
ゼリー◆	61
ゼロ（0）◆	89
セロハンテープ	339
せわ	204
せん（線）	204
せんしゅ	204
せんせい	205
ぜんぜん	205
せんそう	205
せんたく	205
せんちょう	205
せんとう	205
ぜんぶ	205
せんぷうき	205
せんべい	60
せんめんじょ	26
せんろ→レール	406

そ ソ

そう（沿う）	206
ぞう（象）◆	255
ぞうきん	206
そうじ	206
そうじき	207
そうぞう	207
そうぞうしい	207
そうだん	207
ぞうり	207
そえる	207
ソース	207
ソーセージ	207
そく（〜足）	90
そこ（底）	208
そそぐ	208
そそっかしい	208
そだつ	208
そだてる	208
そつぎょう	208
ソックス→くつした	127
そっくり	208
そっけない	209
そっと	209
そと	209
そなえる	209
そば	209
そびえる	209
ソファ	27
そまつ	209
そまる	210
そむく	210
そめる	210
そよかぜ	210
そよぐ	210
そら	210
そらまめ	387
そり（橇）	210
そる（反る）	211
そる（剃る）	211
それぞれ	211
それる	211
そろう	211
そろえる	211
そん	211
ぞんぶん	211

た タ

たい（鯛）	155
だい（台）	212
だい（〜台）	90
たいいん	212
たいおんけい	212
だいく	212
たいくつ	213
だいけい	94
たいこ	97
だいこん	386
たいじ	213
だいじ	213
だいじょうぶ	213
たいせつ	213
たいそう	213
だいたい	213
だいだいいろ◆	40
たいど	213
だいどころ◆	26
だいなし	214
だいぶ	214
たいふう	214
たいへん	214
タイヤ	214
ダイヤモンド	214
たいよう	214
たいら	214
たえる	215
だえん◆	94
たおす	215
たおれる	215
たかい	215
たがやす	215
たから	215
たき	215
たきぎ	216
だきしめる	216
だきつく	216
たきび	216
たく（炊く）	216
だく（抱く）	216
たくさん	216
タクシー	216
たくましい	217
たけ（丈）	217
たけのこ	217
たこ（凧）	217
たこ（蛸）	217
たしか	217
たしかめる	217
たす	217

しつこい	170
じっと	170
じつは	170
しっぱい	170
しっぽ	170
しつもん	170
じてん	170
じてんしゃ◆	294
じどう	171
じどうしゃ◆	294
しなう	171
しなびる	171
しなもの	171
しぬ	171
しのびあし	171
しのびこむ	171
しのびよる	171
しばらく	172
しばる	172
しびれる	172
しぶい	172
しぶき	172
しぶとい	172
じぶん	172
しぼむ	172
しぼる	173
しま（島）	173
しまう	173
しまうま	255
しまる	173
じまん	173
しみ	173
しみる	173
しめす	174
しめる（閉める）	174
しめる（湿る）	174
しめる（締める）	174
じめん	174
しも（霜）	174
しもやけ	174
じゃがいも◆	386
しゃがむ	174
しゃがれる	175
ジャケット◆	332
しゃしょう	175
しゃしん	175
シャツ	332
しゃぶる	175
しゃべる	175
しゃぼんだま	175
じゃま	175
しゃみせん	97
ジャム	175
しゃもじ	176
じゃれる	176
シャワー◆	26
ジャングル	176
ジャングルジム	141
じゃんけん	176
ジャンパー	332
ジャンプ	176
じゆう	176
じゅう（10）◆	88
じゅういちがつ	34
じゅうがつ	35
シュークリーム	61
ジュース◆	22
じゅうたん	27
しゅうてん	176
じゅうにがつ	34
じゅうにし	177
じゅうぶん	176
しゅうり	178
じゅくす	178
しゅくだい	178
しゅじゅつ	178
しゅじん	178
しゅっせき	178
しゅつどう	178
しゅっぱつ	178
じゅもん	179
しゅるい	179
しゅんかん	179
じゅんじょ	179
じゅんばん	179
じゅんび	179
しよう（使用）	179
しょうかい（紹介）	179
しょうがっこう	180
しようがない	180
じょうぎ	339
しょうこ	180
しょうご（正午）	180
しょうじき	180
じょうしき	180
じょうず	180
しょうたい（正体）	180
しょうたい（招待）	181
じょうだん	181
しょうどく	181
しょうとつ	181
しょうぶ	181
じょうぶ	181
しょうめん	181
しょうゆ	181
しょうらい	182
じょおうさま◆	22
しょくじ	182
しょくどう（食堂）◆	27・182
しょくぶつ	182
しょくよく	182
しょげる	182
しょっき	183
しょっちゅう	182
しょっぱい→しおからい	164
しょんぼり	184
しらが	184
じらす	184
しらせる	184
しらべる	184
しられる	184
しらんかお	184
しりごみ	184
しりとり	185
しりもち	185
しる（知る）	185
しるし	185
じれったい	185
しろ（白）◆	40・185
しろ（城）→おしろ	66
しろい	185
しろつめくさ	309
しわ	185
しわがれごえ	186
しわざ	186
しん（芯）	186
しんかんせん	294
しんごう	186
しんこきゅう	186
しんさつ	186
しんじゅ	186
しんじる	186
しんせき	187
しんせつ	187
しんせん	187
しんたいけんさ	187
しんぱい	187
シンバル	97
しんぶん	187
しんぼう	187
す（巣）	188
す（酢）	188
すいえい◆	188・198
すいか◆	129
すいしゃ	188
すいせん	308
すいそう	189
すいぞくかん	189
スイッチ	189
すいとう	189
すいどう	189
ずいぶん	189
すいへいせん	189
すいようび	33
すう（吸う）	190
すうじ	190
ずうずうしい	190
スーパーマーケット	190
すえっこ	190
スカート◆	333
すがすがしい	190
すがた	190
ずかん	191
すき	191
スキー◆	198
スキップ	191
すきとおる	191
すきま	191
すぎる	191
ずきん	191
すく（空く）	192
すく（梳く）	192
すぐ	192
すくう（救う）	192
すくう（掬う）	192
すくない	192
スケート◆	198
すける	192
すごい	192
すこし	193
すごす	193
スコップ	193
すじ	193
すす	193
すず（鈴）	193
すすき	193
すすぐ	194
すずしい	194
すずなり	194
すすむ	194
すずむ	194

こっけい	146	こんにちは	10	さつ（～冊）	90	ジーンズ	332
こっそり	146	こんばんは	10	サッカー◆	198	しお（塩）	164
こづつみ	146			さっき	158	しおからい	164
コップ◆	183	**さ サ**		ざっし	159	しおれる	164
ことし	147			さっそく	159	しかえし	164
ことば	147	さ（差）	152	さつまいも	386	しかく◆	94
こども	147	さいご	152	さとう	159	しかくい	164
こどものひ	34	さいしょ	152	さなぎ	159	しかける	164
こどもべや	26	さいそく	152	さばく	159	しかた	164
ことり	147	さいちゅう	153	さび	159	しかたがない	165
ことわる	147	さいふ	153	さびしい	159	しがつ	34
こな	147	ざいりょう	153	さまざま	160	しがみつく	165
こねる	147	サイレン	153	さます（冷ます）	160	しかめる	165
ごはん	147	さえずる	153	さます（覚ます）	160	しかる	165
こぶ（瘤）	148	さお	153	さみしい→さびしい	159	じかん	165
ごぼう	386	さか	153	さむい	160	しきい	165
ごほうび	148	さかさま	154	さめる（冷める）	160	じきに	165
こぼす	148	さがす	154	さめる（覚める）	160	しく	165
こぼれる	148	さかだち	154	さようなら	11	しくじる	166
こま（独楽）	148	さかだてる	154	さら	183	しげみ	166
ごま	148	さかな	155	さらう	160	しげる	166
こまかい	148	さからう	154	さらに	160	じけん	166
ごまかす	148	さがる	154	さる◆	177	じこ（事故）	166
こまる	149	さかん（盛ん）	154	ざる	161	しごと	166
ごみ	149	さき	156	さわがしい	161	じしゃく	166
こむ	149	さく（柵）	156	さわぐ	161	じしん（地震）	166
こめ	149	さく（咲く）	156	さわやか	161	じしん（自信）	167
こめる	149	さく（裂く）	156	さわる	161	しずか	167
ごめんなさい	11	さくひん	156	さん（3）◆	89	しずく	167
こもり	149	さくら	111	さんか	161	しずまる	167
こもりうた	149	さくらんぼ◆	129	さんかく◆	94	しずむ	167
こもる	149	さけ（鮭）	155	さんがつ	34	しずめる	167
こもれび	150	さけぶ	156	サングラス	161	しせい（姿勢）	167
こや	150	さける（裂ける）	156	さんざん	162	しぜん	167
こゆび	102	さける（避ける）	156	さんせい	162	しぜんに	168
ゴリラ◆	254	さげる（下げる）	157	サンタクロース	162	した（下）	168・370
こりる	150	さげる（提げる）	157	サンダル	162	した（舌）	83
こる	150	ささえる	157	サンドイッチ	162	したう	168
ゴルフ◆	198	さざなみ	157	ざんねん	162	したがう	168
ころがす	150	ささやか	157	さんぼ	162	したがえる	168
ころがる	150	ささやく	157	さんま	155	したぎ	169
ころす	150	ささる	157			したく	169
ころぶ	150	さじ	183	**し シ**		したしい	169
こわい	151	さしかかる	157			したたる	169
こわいろ	151	さしだす	158	し（4）◆	89	したてる	169
こわがる	151	さす（指す）	158	じ（字）	163	しち（7）◆	88
こわす	151	さす（差す）	158	しあい	163	しちがつ	35
こわれる	151	さす（刺す）	158	しあわせ	163	しちごさん	34
こんがらかる	151	さすが	158	しいく	164	しっかり	169
こんちゅう	151	さする	158	じいさん→おじいさん◆	64	しつけ	169
こんど	151	さそう	158	ジーパン	332	じっけん	169

426

きれ	122
きれい	122
きれる	122
きをつける	122
きんし	122
きんじょ	122
きんちょう	122
きんにく	122
きんようび	33

く ク

く（9）◆	88
ぐあい	123
くい（杭）	123
クイズ	123
くうき	123
くうこう	124
ぐうぜん	124
くうちゅう	124
くがつ	35
くき（茎）	124
くぎ	124
くくる	124
くぐる	124
くさ	124
くさい	125
くさる	125
くし（串）	125
くし（櫛）	125
くじ	125
くじく	125
くしゃみ	125
くすぐったい	125
くすぐる	126
くずす	126
くすり	126
くすりゆび	102
くずれる	126
くせ	126
くだく	126
くだける	126
くたびれる	126
くだもの	129
くだる	127
くち◆	83
くちぐち	127
くちずさむ	127
くちばし	127
くちびる	83
くつ	127
クッキー◆	61
くつした	127
クッション	26
ぐっすり	127
ぐったり	127
くっつく	130
くっつける	130
くに	130
くばる	130
くび◆	102
くびかざり	130
くふう	130
くべる	130
くぼむ	130
くま（熊）◆	254
くみ	131
くみあわせる	131
くみたてる	131
くむ（組む）	131
くむ（汲む）	131
くも（雲）	131
くも（蜘蛛）	131
くもり	131
くもる	132
くやしい	132
くらい	132
くらげ	132
くらす	132
くらべる	132
くらむ	132
くらやみ	133
クラリネット	97
くり	128
くりかえす	133
クリスマス	34
くる	133
くるしい	133
くるぶし	103
くるま	133
くるまる	133
くるむ	133
グレープフルーツ	128
クレヨン	339
くれる（暮れる）	133
くれる（呉れる）	134
くろ◆	40・134
くろい	134
くろう（苦労）	134
グローブ	134
クロッカス	309
くわえる（加える）	134
くわえる（銜える）	134
くわがたむし	372
くわしい	134

け ケ

け（毛）	135
けいかく	135
けいさつ	135
けいさつかん→おまわりさん	74
けいと	135
けいろうのひ	35
ケーキ◆	61
けが	136
けがわ	136
げき	136
けしかける	136
けしき	136
けしゴム	339
けす	136
けずる	136
げた	137
けたたましい	137
げたばこ	26
けち	137
けっこん	137
けっして	137
けっしん	137
けっせき	137
げつようび	33
けとばす	137
けはい	138
けむい	138
けむし	138
けむり	138
けむる	138
けもの	138
けらい	138
ける	138
けわしい	139
けん（剣）	139
けんか	139
けんがく	139
げんかん	26
げんき	139
げんこつ	139
けんさ	139
けんぶつ	139

こ コ

こ（～個）	90
ご（5）◆	89
コアラ	255
こい（鯉）	155
こい（濃い）	140
こいしい	140
こうえん（公園）	141
こうかい（航海）	140
こうかん	140
こうさく	142
こうさてん	142
こうさん	142
こうじ	142
こうじょう	142
こうしん（行進）	142
こうたい	142
こうのとり	142
こうばん	143
こうら	143
こえ（声）	143
こえる（肥える）	143
こえる（越える）	143
コート◆	333
こおり◆	22・143
こおる	143
ゴール	143
こがす	144
ごがつ	34
こがらし	144
ごきげん	144
こぐ	144
こげる	144
ごご	144
こごえる	144
こごと	144
こころ	145
こころぼそい	145
こし	103
こしかける	145
こしょう	145
こしらえる	145
コスモス	308
こすりつける	145
こする	145
ごぜん	145
こたえる	146
こたつ	146
こだま→やまびこ	390
ごちそう	146
ごちそうさま	11
コック	146

かぜ（風邪）	92
かぞえる	90
かぞく	93
かた（肩）◆	103
かたい	92
かたかな	92
かたき	92
かたぐるま	92
かたち	94
かたづける	92
かたな	92
かたほう	95
かたまり	95
かたまる	95
かたむく	95
かたむける	95
かためる	95
かだん	95
かつ（勝つ）	95
かつお	155
がっかり	96
がっき	97
かつぐ	96
かっこいい	96
かっこう（格好）	96
がっこう	96
かって	96
かつやく	96
かど	96
かなう	98
かなえる	98
かなきりごえ	98
かなしい	98
かなしむ	98
かなづち	98
かなてる	98
かなぼう	98
かならず	99
かに	99
かね（金）→おかね	59
かね（鐘）	99
かば◆	254
かばう	99
かばん	99
かび	99
かびん	99
かぶ（蕪）	386
かぶせる	99
かぶとむし	372
かぶる	100
カボチャ◆	387
がまん	100
かみ（紙）	100
かみ（髪）◆	100・102
かみさま	100
かみなり	100
かみのけ◆	102
かむ（擤む）	100
かむ（嚙む）	100
かも（鴨）	266
かゆい	101
かよう（通う）	101
がようし	339
かようび	33
から（空）	101
から（殻）	101
からい	101
からかう	101
がらくた	101
からす	266
ガラス	101
からだ	103
からまる	104
かり（狩り）	104
かりゅうど→りょうし（猟師）	404
かりる	104
かる（刈る）	104
かるい	104
かるがる	104
かれる	104
カレンダー	104
かわ（川）	105・108・155
かわ（皮）	105
かわいい	105
かわいがる	105
かわいそう	105
かわかす	105
かわく（乾く）	105
かわく（渇く）	105
かわり	106
かわる（代わる）	106
かわる（変わる）	106
かん（缶）	106
かんがえこむ	106
かんがえる	106
カンガルー◆	255
かんけい	106
かんげい	107
がんこ	107
かんごしさん	107
かんさつ	107
かんじ（感じ）	107
かんじ（漢字）	108
かんしゃ	107
かんじる	107
かんしん（感心）	109
かんせい	109
かんたん	109
かんでんち→でんち	251
かんぱい	109
がんばる	109
かんばん	109
かんびょう	109
かんむり	109

き・キ

き（木）	108・111
きいろ◆	40・110
きいろい	110
キウイ	128
きえる	110
きおく	110
きかい（機械）	112
きがえる	112
きかざる	112
きがつく	112
きがる	112
きかんぼう	112
ききかえす	112
ききつける	112
ききゅう	295
きく（菊）	308
きく（効く）	113
きく（聞く）	113
きけん	113
きげん	113
きごう	113
きこえる	113
きざむ	113
きし（岸）	114
きしむ	114
きしゃ	114
キス	114
きず	114
きずつく	114
きせつ	115
きそく	114
きた（北）	114・344
ギター	97
きたかぜ	116
きたない	116
きちょうめん	116
きちんと	116
きつい	116
きつつき	266
きって	116
きっと	116
きっぷ	116
きどる	117
きにいる	117
きね	117
きねん	117
きのう	117
きのこ	117
きのどく	117
きのぼり	117
きば	118
きびしい	118
きぶん	118
きまる	118
きみ（君）	118
きみがわるい	118
きめる	118
きもち	118
きもの	119
きもをつぶす	119
ぎゃく	119
キャベツ◆	387
きゅう（9）◆	88
きゅう（急）	119
きゅうきゅうしゃ	119
きゅうくつ	119
きゅうけい	119
ぎゅうにゅう◆	23
きゅうり◆	387
きよう（器用）	119
きょう（今日）	120
ぎょうぎ→おぎょうぎ	62
ぎょうじ	120
きょうしつ	120
きょうそう	120
きょうだい	120
きょうりゅう	120
ぎょうれつ	120
きょねん	121
きらい	121
きらめく	121
きり（霧）	121
きりかぶ	121
きりぬく	121
きりん	255
きる（切る）	121
きる（着る）	121

おこる（起こる）	64
おこる（怒る）	64
おさえる	64
おしい（惜しい）	64
おじいさん◆	64・93
おしえる	64
おじぎ	65
おじさん	65
おじぞうさま	65
おしまい	65
おしゃべり	65
おしゃれ	65
おしょうがつ	35
おしり	103
おしろ	66
おしろいばな	308
おす（雄）	66
おす（押す）	66
おせじ	66
おせっかい	66
おそい	66
おそう（襲う）	66
おそるおそる	67
おそれる	67
おそろい	67
おそろしい	67
おそわる	67
おたがい	67
おちつく	67
おちば	68
おちゃめ	68
おちる	68
おつかい	68
おつきみ	35
おてあらい	27
おてこ	83
おてつだい	68
おてんば	68
おと（音）	68
おとうさん◆	68・93
おとうと◆	69・93
おどかす	69
おとぎばなし	69
おとこ	69
おとしだま	69
おとしより	69
おとす	69
おどす	70
おととい	70
おとな	70
おとなしい	70
おどる	70
おどろかす	70
おどろく	70
おなか	102
おなじ	71
おなら	71
おに（鬼）	71
おにいさん◆	71・93
おにぎり	71
おねえさん◆	71・93
おねがい	71
おねしょ	71
おの（斧）	72
おばあさん◆	72・93
おはか	72
おばけ	72
おばさん	72
おはなし→はなし	306
おはようございます	10
おびえる	72
おひさま	72
おひゃくしょうさん	72
おぶう	73
おべんじょ	27
おべんとう	73
おぼえる	73
おぼれる	73
おまいり	73
おまけ	73
おまじない	73
おまつり	74
おまわりさん	74
おみこし	74
おみせ	74
おみまい	74
おみやげ	74
おむこさん	74
おむすび→おにぎり	71
おむつ	75
おめかし	75
おもい（重い）	75
おもいきり	75
おもいだす	75
おもいつく	75
おもいで	75
おもいやる	75
おもう（思う）	76
おもしろい	76
おもたい	76
おもちゃ	76
おもて	76
おもり	76
おもわず	76
おや（親）	77
おやこ	77
おやすみなさい	11
おやつ	77
おやゆび	102
おゆ	77
おゆうぎ	77
およぐ	77
およめさん	77
おり（檻）	78
おりがみ	78
おりる（下りる）	78
おりる（降りる）	78
おる（折る）	78
おる（織る）	78
オルゴール	78
おれい	78
おれる	79
オレンジ◆	23
オレンジいろ◆	40
おろす（下ろす）	79
おわり	79
おわる	79
おわん	183
おんがく	79
おんど	79
おんな	79

か カ

かあさん→おかあさん◆	58・93
カーディガン	333
カーテン	27
かい（貝）	80
がいこく	80
がいこつ	80
かいしゃ	80
かいじゅう	81
かいすいよく	81
かいそう（海草）	81
かいだん	81
かいちゅうてんとう	81
かいもの	81
かう（買う）	81
かう（飼う）	81
かえす（返す）	82
かえる（代える）	82
かえる（変える）	82
かえる（帰る）	82
かえる（孵る）	82
かお◆	83
かおり	82
かかえる	82
かかし	82
かかと	103
かがみ	26
かがむ	84
かがやく	84
かかる（掛かる）	84
かかる（罹る）	84
かき（柿）	128
かぎ◆	23・84
かきね	84
かきまぜる	84
かく（書く）	85
かく（掻く）	85
かぐ（嗅ぐ）	85
かくす	85
かくれる	85
かくれんぼう	85
かげ	85
がけ	85
かけつける	86
かけっこ	86
かけら	86
かける（欠ける）	86
かける（掛ける）	86
かける（駆ける）	86
かげる	86
かご（籠）	87
かご（駕籠）	87
かこむ	87
かさ（傘）◆	23・26
かさなる	87
かさねる	87
かざる	87
かざん	87
かし→おかし	61
かじ（火事）	87
かじ（舵）	91
かじかむ	91
かしげる	91
かしこい	91
かじる	91
かす（貸す）	91
かず	89
かすか	91
カスタネット	97
かすれる	91
かぜ（風）	92

いっせい	37
いったい	37
いってきます	11
いってらっしゃい	11
いつのまにか	37
いっぱい	37
いつも	37
いと（糸）	37
いど（井戸）	37
いとこ	38
いなか	38
いなずま	38
いぬ◆	23・177
いね	38
いねむり	38
いのしし◆	177
いのち	38
いのる	38
いばる	38
いびき	39
いま（今）	39
いま（居間）◆	27
いみ	39
いもうと◆	39・93
いやがる	39
いよいよ	39
いりぐち	39
いる（居る）	39
いる（要る）	41
いれもの	41
いれる	41
いろ	40
いろいろ	41
いろえんぴつ	339
いろり	41
いわ	41
いわう	41
いわし	155

う ウ

う（卯（うさぎ））◆	177
うえ	42・370
うえる（植える）	42
うがい	43
うかぶ	43
うかべる	43
うく	43
うけとる	43
うける	43
うごかす	43
うごく	43
うさぎ◆	177
うし◆	177
うしなう	44
うしろ	44・370
うす	44
うず	44
うすい	44
うずくまる	44
うずまく	44
うすめる	45
うそ	45
うそつき	45
うた	45
うたう	45
うたがう	45
うち（内）	45
うちあける	45
うちゅう	46
うつ（打つ）	46
うつ（撃つ）	46
うっかり	46
うつくしい	46
うつす（写す）	46
うつす（映す）	46
うつす（移す）	46
うっとり	47
うつぶせ	47
うつむく	47
うつる（写る）	47
うつる（映る）	47
うつる（移る）	47
うで	102
うでぐみ	47
うなぎ	155
うなじ	103
うなずく	47
うなだれる	48
うなる	48
うぬぼれる	48
うね	48
うばう	48
うま◆	177
うまい（旨い）	48
うまい（上手い）	48
うまる	48
うまれる	49
うみ（海）	49・155
うむ	49
うめる（埋める）	49
うら	49
うらがえす	49
うらぎる	49
うらむ	49
うらめしい	50
うらやましい	50
うりきれる	50
うる（売る）	50
うるさい	50
うれしい	50
うれる（熟れる）	50
うろ	50
うろこ	51
うわぎ	51
うわさ	51
うん（運）	51
うんてい	141
うんてん	51
うんてんしゅ	51
うんどう	51
うんどうかい	35・51

え エ

え（絵）	52
えいが	52
えいご	52
えいゆう	53
えいよう	53
えがお	53
えき	53
えくぼ	53
えさ	53
エスカレーター	53
えだ	54
えと→じゅうにし	177
エネルギー	54
えのぐ	339
えび	54
エプロン	54
えほん	54
えもの	54
えらい	54
えらぶ	54
えり	55
エレベーター	55
えん（円）◆	94
えんぎ（縁起）	55
エンジン	55
えんそう	55
えんそく	55
えんぴつ	339
えんりょ	55

お オ

お（尾）	56
おいかえす	56
おいかける	56
おいこす	56
おいしい	57
おいしゃさん	57
おいだす	57
おいつく	57
おいはらう	57
おう（追う）	57
おうえん	57
おうだんほどう	58
おおい（多い）	58
おおう（覆う）	58
おおきい	58
おおげさ	58
おおぜい	58
オートバイ	294
おおみそか	34
おか（丘）	58
おかあさん◆	58・93
おかえりなさい	11
おかげ	59
おかし	61
おかしい	59
おかず	59
おかね	59
おがむ	59
おがわ	59
おかわり	59
おきあがる	62
おきゃくさま	62
おぎょうぎ	62
おきる	62
おく（奥）	62
おく（置く）	62
おくじょう	62
おくびょう	62
おくりもの→プレゼント	338
おくる（送る）	63
おくる（贈る）	63
おくれる	63
おけ（桶）	63
おけいこ	63
おけしょう	63
おこす（起こす）	63
おこづかい	64

さくいん

おうちのかたへ
＊本文ではすべてひらがな表記ですが、「さくいん」では、適宜漢字表記を（　）内に示しました。
＊英語がのっていることばには、◆マークをつけています。

あ　ア

あい（愛）	8
あいこ	8
あいさつ	11
あいず	8
アイスクリーム◆	61
あいだ	8
あいて	9
アイロン	9
あう（会う）	9
あう（合う）	9
あお◆	9・40
あおい	9
あおぐ	9
あおむけ	9
あおむし	12
あか（赤）◆	12・40
あか（垢）	12
あかい	12
あかちゃん	12
あかり	12
あがる	12・13
あかるい	13
あき（秋）	13・115
あきらめる	13
あきる	13
あく（空く）	13
あく（開く）	13
あくしゅ	13
あくび	14
あくま	14
あける（明ける）	14
あける（開ける）	14
あげる	14
あご◆	83
あこがれる	14
あさ（朝）	14・32
あさい	15
あさがお	308
あさって	15
あし（足）◆	103
あじ	15
あしおと	15
あしくび	103
あじさい	308
あした	15
あしのうら	103
あしのこう	103
あずかる	15
あずける	15
アスパラガス	386
あせ	15
あそぶ	16
あたえる	16
あたたかい（温かい）	16
あたたかい（暖かい）	16
あたたまる	16
あたためる	16
あたま◆	102
あたらしい	16
あたり（辺り）	16
あたり（当たり）	17
あたりまえ	17
あたる	17
あつい（厚い）	17
あつい（暑い）	17
あつい（熱い）	17
あつまる	17
あつめる	18
あてる	18
あと（後）	18
あと（跡）	18
あとかたづけ	18
あな	18
あなた	18
あばれる	19
あひる	266
あびる	19
あぶない	19
あぶら	19
あふれる	19
あべこべ	19
あまい	19
あまえる	19
あまのがわ	20
あまやどり	20
あまる	20
あみ◆	20・23
あむ	20
あめ（雨）	20
あめ（飴）◆	20・60
あやしい	20
あやす	21
あやまる	21
あらう	21
あらし	21
あられ	21
あらわれる	21
あり	372
ありがたい	21
ありがとう	11
ある	21
あるく	24
アルファベット	23
あわ	24
あわせる	24
あわただしい	24
あわてる	24
あんしん	24
あんぜん	24
あんない	24

い　イ

い（亥（いのしし））◆	177
いい	25
いいつける	25
いいわけ	25
いう	25
いえ◆	22・27
いか	28
いかだ	28
いき（息）	28
いきおい	28
いきなり	28
いきもの	28
いきる	28
いく（行く）	29
いくつ	29
いくら	29
いけ	29
いけがき	29
いけない	29
いさましい	29
いし	29
いじめる	30
いしゃ→おいしゃさん	57
いじる	30
いじわる	30
いす◆	26
いずみ	30
いそがしい	30
いそぐ	30
いた	31
いたい	31
いたずら	31
いただきます	11
いただく	31
いたむ	31
いためる（痛める）	31
いためる（炒める）	31
いたわる	36
いち（1）◆	89
いちがつ	35
いちご◆	129
いちだいじ	36
いちにち	32
いちねん	35
いちばん	36
いちめん	36
いちもくさん	36
いちょう	111
いつ	36
いっしゅうかん	33
いっしょ	36
いっしょうけんめい	37

431

小学館 ことばのえじてん

2008年11月25日　初版第一刷発行
2022年 9月21日　　第八刷発行

監　修　篠崎晃一
編　集　小学館国語辞典編集部
発行者　飯田昌宏
発行所　株式会社小学館
　　　　〒101-8001
　　　　東京都千代田区一ツ橋2-3-1
　　　　電話　編集03（3230）5170
　　　　　　　販売03（5281）3555
印刷所　図書印刷株式会社
製本所　株式会社若林製本工場

造本には十分注意しておりますが、印刷、製本など製造上の不備がございましたら「制作局コールセンター」（フリーダイヤル 0120-336-340）にご連絡ください。
（電話受付は、土・日・祝休日を除く 9:30 ～ 17:30）
本書の無断での複写（コピー）、上演、放送等の二次利用、翻案等は、著作権法上の例外を除き禁じられています。本書の電子データ化などの無断複製は著作権法上の例外を除き禁じられています。代行業者等の第三者による本書の電子的複製も認められておりません。

© Shogakukan　2008
Printed in Japan
ISBN978-4-09-501881-2

監修	篠崎晃一（東京女子大学教授）
英語監修	アレン玉井光江（青山学院大学教授）
指導協力	阿部直美（乳幼児教育研究所所長）
イラスト	オームラトモコ
	落合恵
	かわむらふゆみ
	小林桂子
	スギヤマカナヨ
	すずきあさこ
	たぶちあい
	たんじあきこ
	光安知子
	Yuzuko
執筆協力	内木明子
	児島さくよ
	小林澄子
	鈴木芳明
	長野伸江
	松下兎雪
	吉田雅子
校閲	牧野晶
スタイリング	池水陽子
写真撮影	武井正雄（小学館）
写真協力	朝倉秀之
	おくやまひさし
	小賀野実
	株式会社オリオンコーポレーション
	ネイチャー・プロダクション
	広瀬雅敏
	ぺんてる株式会社
	株式会社マービー
	益子信明
	ヤマト株式会社
	ヤマハ株式会社
ブックデザイン	阿部美樹子
制作・制作企画・資材	市村浩一　速水健司　池田靖
宣伝	宮村政伸
販売	前原富士夫
編集	香藤裕紀　神永曉　松村加寿江

かたかな かきじゅんひょう

ナ	タ	サ	カ	ア
ニ	チ	シ	キ	イ
ヌ	ツ	ス	ク	ウ
ネ	テ	セ	ケ	エ
ノ	ト	ソ	コ	オ

＊じゅんばん どおりに かいて みましょう。